나의 첫 문법 파트너

초등영문법 777 ⑤

UNIT 01
문장의 5형식

공부한 날 :   복습한 날 :   부모님 확인 :

우리말은 '나는 수지를 좋아한다.'를 '수지를 나는 좋아한다.'로 순서를 바꿔 말해도 같은 뜻이에요. 그런데 영어는 'I like Suji (나는 수지를 좋아한다).'의 I와 Suji를 바꿔서 'Suji likes me (수지는 나를 좋아한다).'라고 하면 뜻이 달라져요. 그래서 영어는 꼭! 순서를 맞춰서 써 주는 게 중요하답니다. 영어에는 이런 순서를 정하는 방법이 다섯 가지가 있는데, 우리는 그것을 문장의 5형식이라고 불러요. 문장의 5형식을 알아보기 전에 문장 만들기에 필요한 재료들을 알아볼까요?

주요해요!

영어의 문장 성분

이 네 가지를 필수 문장 성분이라고 부릅니다.
이 네 가지 문장 성분을 다섯 가지 방식으로 배열하면
영어 문장이 되는 것이랍니다.

1형식

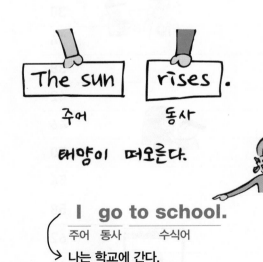

주어   동사

태양이 떠오른다.

1형식은 주어 와 동사 로 이루어진 문장입니다.

I go to school.
주어 동사   수식어
↳ 나는 학교에 간다.

문장 뒤에 to school은 장소를 나타내는 전치사구로 문장을 꾸며주는 '수식어'라고 해요. 수식어는 필수 문장 성분이 아니어서 문장 형식에 영향을 주지 않아요.

2형식은 주어 와 동사 뒤에 주어를 설명해 주는
보어 가 나와요. 보어는 '보충 설명하는 말'이에요.
주어에 대해 설명하는 보어를 '주격 보어'라고 해요.

She looks happy.
주어   동사   보어
↳ 그녀는 행복해 보인다.

주어   동사   보어

그는 키가 크다.

2형식

3형식

Tom | studies | history .

주어   동사   목적어

Tom은 역사를 공부한다.

3형식은 주어 , 동사 와
목적어 를 함께 써서 문장을 만듭니다.

3형식에서도 꾸며 주는 말인 '수식어'를 쓸 수 있어요.

She has many flowers in her hands.
주어   동사   수식어   목적어   수식어
그녀는 손에 많은 꽃을 갖고 있다.

영어 문장의 모든 형식에서
'수식어'를 쓸 수 있습니다.

4형식

I | gave | him | a book .

주어   동사   간접목적어   직접목적어

나는 그에게 책 한 권을 주었다.

He bought me a dress.
주어   동사   간접목적어   직접목적어
그는 나에게 드레스를 사 줬다.

4형식은 목적어 가 두 개 있는 문장이에요. 보통 첫 번째 목적어 는 '〜에게'라고 해석하고 '간접목적어'라고 해요.
두 번째 목적어 는 '〜을/를'이라고 해석하고 '직접목적어'라고 한답니다.

We | call | her | Yuna .

주어   동사   목적어   목적격 보어

우리는 그녀를 연아라고 부른다.

I heard my mother laugh.
주어   동사   목적어   목적격 보어
나는 우리 엄마가 웃는 것을 들었다.

5형식은 주어 , 동사 , 목적어 뒤에 보어 를
써 줘요. 그런데 보어는 2형식에도 나왔잖
아요?
2형식의 보어 가 주어를 보충해 주는
역할을 했다면, 5형식의 보어 는
목적어를 보충 설명해 줍니다.
그래서 목적격 보어 라고 부릅니다.

5형식

연습문제

Step 1   문장의 알맞은 문장 성분을 쓰세요.

		주어	동사	보어
01	He is kind. ⇨	He	is	kind
02	My mom is a teacher. ⇨			
03	Jenny looks angry. ⇨			
04	We played on the playground. 놀이터 ⇨			
05	The baby cried. ⇨			
06	Mike sings well. ⇨			

Step 2   문장의 목적어에 ○표 하세요. (간접목적어, 직접목적어 포함)

01 I planted (some trees). (나무를) 심다

02 I will play tennis this Sunday.

03 She bought a skirt.

04 John doesn't like vegetables.

05 My teacher gave me a book.

06 We watched TV together.

07 I sent him an e-mail.

08 He made us some cookies.

Step 3   [보기]와 같이 주어진 문장의 문장 형식과 밑줄 친 단어에 해당하는 각각의 문장 성분을 쓰세요.

> [보기] Charlie likes Amy.   [3] 형식
>   주어   동사 목적어

01 Mina opened the door.   [   ] 형식

02 My sister gave me a present.   선물   [   ] 형식

03 He ordered a cup of coffee.   주문하다   [   ] 형식

04 She made me happy.   [   ] 형식

05 James <u>became</u> a singer.   [   ] 형식

06 We <u>heard</u> <u>the birds</u> <u>sing</u>.   [   ] 형식

07 <u>Jina</u> <u>taught</u> <u>me</u> <u>math</u>.   [   ] 형식

08 They <u>call</u> <u>him</u> Mr. President.^{대통령}   [   ] 형식

Step 4 밑줄 친 부분을 알맞게 고쳐 쓰세요.

01 I bought <u>he</u> a nice watch.^{손목시계} ⇨ him

02 John <u>the tallest is</u> in his class. ⇨ _____

03 Sally showed <u>her picture me</u>. ⇨ _____

04 The movie <u>sad made me</u>. ⇨ _____

05 I <u>him saw</u> at the theater.^{극장} ⇨ _____

06 She <u>hard studied</u>. ⇨ _____

07 I felt <u>shaking my hands</u>.
^{shake 떨리다, 흔들리다} ⇨ _____

08 My father gave <u>I</u> some money. ⇨ _____

09 Denis is <u>a cartoon watching</u> in his room.^{만화} ⇨ _____

10 He <u>a designer became</u>.^{디자이너} ⇨ _____

11 Please get <u>she</u> some water. ⇨ _____

12 My father calls <u>I</u> Princess.
^{~을 …라고 부르다} ⇨ _____

중학교 내신 시험에 꼭 나오는 문법 요점 정리 | 문장의 5형식

영어에는 총 (① _____)개의 문장 형식이 있고, 문장을 이루는 문장 성분은
주어, 목적어, 동사, (② _____)

문장 형식과 문장 성분

· 1형식 주어+(③ _____)
· 2형식 (④ _____)+동사+(⑤ _____)
· 3형식 주어+(⑥ _____)+목적어
· 4형식 주어+(⑦ _____)+간접목적어+(⑧ _____)
· 5형식 주어+동사+(⑨ _____) +(⑩ _____)

^{① 5 ② 보어 ③ 동사 ④ 주어 ⑤ 보어 ⑥ 동사 ⑦ 수여동사 ⑧ 직접목적어 ⑨ 목적어 ⑩ 목적격보어}

UNIT 02
2형식 문장과 감각동사

공부한 날 :   복습한 날 :   부모님 확인 :

2형식 문장은 「주어+동사+보어」로 이루어져 있죠. 이때 보어는 주어의 상태를 보충 설명해 주는 역할을 한다고 배웠어요. 그런데 이 보어 자리에 아무나 들어갈 수 있는 건 아니랍니다. 이 보어 자리에 들어갈 수 있는 것에는 무엇이 있을까요?

She is tall.
그녀는 크다.

He is a farmer.
그는 농부이다.

You are cute.
너는 귀엽다.

They are friends.
그들은 친구다.

위 문장의 보어 자리에 들어 있는 단어들의 공통점은 뭘까요? 네, 바로 상태나 특징을 설명할 수 있는 형용사나 명사가 들어간다는 것이죠. 보어 자리에 들어갈 수 있는 품사는 바로 형용사와 명사랍니다.

그런데 이런 2형식 문장에서 자주 활약하는 동사에는 두 종류가 있다고 해요.
첫 번째는 '~하게 되다'라는 뜻을 가진 동사들이고, 두 번째는 감각동사라고 불리는 동사들이죠.
먼저 '~하게 되다'라는 뜻을 가진 동사들을 살펴볼게요.

Suji became a singer.
수지는 가수가 되었다.

He got angry.
그는 화가 났었다.

His face turned red.
그의 얼굴이 붉어졌다.

become, get, turn 같은 동사들은 '어떠한 상태가 되다'라는 뜻을 가지며 2형식 문장에 자주 등장하니 꼭 기억해 두세요!

감각동사는 feel, look, taste, sound, smell과 같이 촉각, 시각, 미각, 청각, 후각처럼 감각과 관련된 동사들입니다. 감각동사들이 2형식에서 쓰일 때는 반드시 뒤에 형용사가 옵니다.

He looks confident.
그는 자신감 있어 보인다.

She feels happy.
그녀는 행복하다고 느낀다.

It sounds easy.
그것은 쉬운 것처럼 들린다.

이런 감각동사들은 <u>진행형으로 쓰일 수 없답니다.</u> 잊지 마세요!

He is looking handsome. (×)   **It is tasting bitter.** (×)

연습문제
| 문제를 풀고 녹음 파일을 따라 읽고 연습하세요. 🎧 **MP3** 5권 본문 UNIT 02
정답 및 해석 p. 109

초777_5_p2

Step 1 2형식 문장이 되도록 괄호 안에서 알맞은 것에 ○표 하세요.

01 She became ((a teacher) / teach).

02 Mary looks very (happily / happy).
행복하게

03 They were (engineering / engineers).
엔지니어, 기사

04 This candy (tastes / is tasting) sour.
신, 시큼한

05 My hair feels (soft / softly).

06 We are (study / students).

07 It (feels / is feeling) rough.
거친

08 The food (is looking / looks) delicious.
맛있는

09 The book was (interesting / interest).
흥미로운, 재미있는

10 She looks (sadly / sad).

11 Her face turned (pale / beauty).
창백한

12 They got (hungry / hungrily).

Step 2 괄호 안에서 2형식 문장이 되기에 알맞지 <u>않은</u> 것에 ○표 하세요.

01 That sounds (strange / interesting / (greatly)).
이상한

02 Janet is (a dancer / lovely / beautifully).

03 Math is (my favorite subject / easily / difficult).
과목   어려운

04 He (is looking handsome / is my friend / is tall).

05 Kelly's face turned (redly / blue / pale).

06 It (tastes / is tasting / tasted) sweet.

07 She will become (a scientist / a singer / dancing).

08 He looks (clever / tired / confidently).
영리한

09 The flower (smells / is smelling / smelled) nice.

10 They are (Korean / friends / buy clothes).

Step 3 단어들을 배열하여 문장을 완성하세요.

01 (is / a / She / nurse). ⇨ She is a nurse.

02 (looks / sad / He). ⇨ _____

03 (sounds / good / That). ⇨ _____

04 (studied / hard / I). ⇨ _____
열심히

05 (became / He / quiet). ⇨ _____
조용한

06 (doctor / became / a / She). ⇨ _____

07 (is / a / He / scientist). ⇨ _____

08 (intelligent / am / I). ⇨ _____
영리한

09 (parents / are / They / my). ⇨ _____

10 (This food / delicious / is). ⇨ _____

Step 4   우리말 해석과 같도록 괄호 안의 말을 활용하여 문장을 영작하세요.

01 그녀는 똑똑해 보인다. (smart) ⇨ She looks smart.

02 그는 배우가 되었다. (an actor) ⇨ _____

03 이 음식은 냄새가 좋다. (food, good) ⇨ _____

04 나는 경찰관이다. (a police officer) ⇨ _____

05 그녀의 얼굴이 붉어졌다. (red) ⇨ _____

06 이 차는 빠르다. (fast) ⇨ _____

중학교 내신 시험에 꼭 나오는 문법 요점 정리 | 2형식 문장과 감각동사

● 2형식 문장의 형태

주어+동사+(① 　　　　　　　　　)

보어 자리에 들어가는 두 가지는 명사와 (② 　　　　　　　　)

● 2형식 문장의 동사

1. become, get, turn처럼 '(③ 　　　　　　　　)'라는 의미를 가진 동사

2. feel, look, smell, taste, sound와 같이 촉각, 시각, 후각, 미각, 청각의 감각을 나타내는

(④ 　　　　　　　　　)

이 동사들은 반드시 뒤에 형용사와 함께 쓰이며 진행형으로 쓸 수 없다.

4형식 문장 → 3형식 문장

공부한 날 :　　　　복습한 날 :　　　　부모님 확인 :

I gave Suji flowers.
나는 수지에게 꽃을 줬다.

I gave flowers Suji.
나는 꽃에게 수지를 줬다.

4형식 문장은 목적어가 두 개 있어야 해요. 목적어의 위치를 바꾸었더니 위 두 문장의 뜻이 완전히 달라졌어요. 앞에서 영어는 문장 성분의 순서가 중요하다고 했죠? 4형식 문장에서도 목적어의 순서를 잘 지켜서 써 줘야 뜻을 정확하게 전달할 수 있답니다.

4형식 문장의 순서

4형식 문장의 순서, 모두 기억하고 있죠? 그런데 '~을/를'이 '~에게' 보다 먼저 나오는게 익숙한 친구들도 있을 거예요. 그런 친구들에게 '4형식 → 3형식 전환' 방법을 소개합니다.

4형식에서 3형식으로 전환할 때에는 전치사가 꼭 있어야 한답니다.

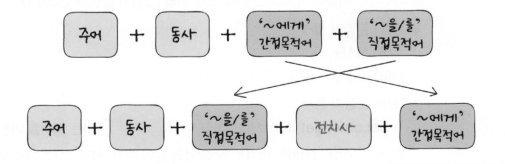

이때 쓰이는 전치사는 동사에 따라 달라요. 먼저 '~에게'의 뜻을 가진 가장 일반적인 전치사 to가 있어요. '~를 위해'라는 뜻을 가진 전치사 for도 씁니다. 그리고 of를 쓸 때도 있는데 이것은 ask 동사랑만 쓰이죠. 이렇게 4형식 문장을 3형식 문장으로 바꿀 때는 총 세 가지 전치사를 쓴답니다.

to를 쓰는 동사 give, send, show, teach, tell, write

Suji gave <u>me</u> <u>a present</u>.

Suji gave <u>a present</u> 〔to〕 <u>me</u>.

for를 쓰는 동사 buy, cook, find, get, make

She made <u>us</u> <u>some cookies</u>.

She made <u>some cookies</u> 〔for〕 <u>us</u>.

연습문제 | 문제를 풀고 녹음 파일을 따라 읽고 연습하세요. 🎧 **MP3** 5권 본문 UNIT 03
정답 및 해설 p. 109

초777_5_p3

Step 1 괄호 안에서 알맞은 것에 ○표 하세요.

01 She made (hats me / (me hats)).
<u>모자</u>

02 Joe bought (his brother the camera / the camera his brother).

03 He gave roses (to / for) his teacher.

04 We ask (her a question / a question her).

05 She showed (the picture me / me the picture).
<u>사진, 그림</u>

06 He cooks pasta (to / for) me.
<u>파스타</u>

07 Jenny bought jeans (to / for) her nephew.
<u>청바지</u>   <u>남자 조카</u>

08 We will write a letter (to / for) the actor.
<u>배우</u>

09 Paul sent (a birthday card me / me a birthday card).
<u>생일 카드</u>

10 Mr. Anderson teaches math (to / for) us.

Step 2 4형식 문장을 3형식 문장으로 바꿔 쓰세요.

01 She told her friend an interesting story.
이야기
⇨ She told an interesting story to her friend.

02 Thomas showed her his pet.
애완동물
⇨ _____

03 The student asked him a question.
⇨ _____

04 He bought me a nice vest.
조끼
⇨ _____

05 The scientist got me the chance.
기회
⇨ _____

06 Ms. Peterson cooked us dinner.
⇨ _____

07 I sent my parents postcards.
엽서
⇨ _____

08 I gave my husband sunflowers.
남편   해바라기
⇨ _____

Step 3 주어진 단어를 바르게 배열하여 문장을 완성하세요.

01 (made / She / a necklace / me / for).   ⇨ She made a necklace for me.

02 (He / to / me / sent / an e-mail).   ⇨ _____

03 (bought / for / a new bag / him / We).   ⇨ _____

04 (I / him / gave / some / water). ⇨ _____

05 (Mary / cook / for / him / will / soup). ⇨ _____

06 (wrote / She / to / me / a letter). ⇨ _____

07 (gave / him / I / a present). ⇨ _____

Step 4 빈칸에 알맞은 전치사를 넣고 우리말로 해석하세요.

01 I teach science ___to___ my students.
　　　　　　　　　　과학
⇨ 나는 나의 학생들에게 과학을 가르친다.

02 He only tells the truth _____ me.
　　　　오직　　　　　진실
⇨ _____

03 She made orange juice _____ her friend.
⇨ _____

04 I asked a favor _____ him.
　　　　　　　호의, 친절, 부탁
⇨ _____

05 You should give my book _____ me.
⇨ _____

중학교 내신 시험에 꼭 나오는 문법 요점 정리 | 4형식 문장 → 3형식 문장

(① 　　　　　　　　　) 문장: 「주어+동사+간접목적어(~에게)+직접목적어(~을/를)」
4형식 → 3형식: '주어+동사+간접목적어(~에게)+직접목적어(~을/를)
　　　　　　　→ 주어+동사+직접목적어(~을/를)+(② 　　　　　　　)+간접목적어(~에게)'
4형식 → 3형식 전환시 쓰이는 전치사

동사	같이 쓰는 전치사	
give, send, show, teach, tell, write	(③	) ~에게
buy, cook, find, get, make	(④	) ~를 위해
ask	(⑤	) ~에게

UNIT 04
5형식 문장

공부한 날 :   복습한 날 :   부모님 확인 :

I made my father. 나는 우리 아빠를 만들었다.

어? 「주어+동사+목적어」가 다 있으니까 3형식 문장 아닌가요?
근데 아빠를 만들다니 어째 해석이 좀 이상하네요.
이건 아빠를 어떻게 만들었다는 건지 설명이 부족해서 그래요.
뒤에 단어 하나만 더 추가해 볼까요?

I made my father laugh. 나는 우리 아빠를 웃게 만들었다.

이렇게 하니까 말이 되네요. 이렇게 laugh처럼 앞의 말을 자세히 보충 설명해 주는 역할을 하는 것을 보어라고 하죠. 이 경우에는 보어가 목적어인 my father를 보충 설명해 주니까 목적격 보어라고 한답니다.

이렇게 「주어+동사+목적어+목적격 보어」로 이루어진 문장을 5형식 문장이라고 해요.
5형식 역시 주어진 순서를 잘 지켜서 말을 해야겠죠?

5형식의 목적격 보어 자리에도 아무나 다 들어갈 수 있는 건 아니에요. '명사, 형용사, 동사'만 목적격 보어 자리에 들어가서 목적어를 보충 설명하는 특별한 역할을 하죠.

He made me a queen.
그는 나를 여왕으로 만들었다. 명사

He made me angry.
그는 나를 화나게 만들었다. 형용사

He made me cry.
그는 나를 울게 만들었다. 동사

5형식 문장은 얼핏 보면 4형식 문장과 문장 성분의 수가 같아서 헷갈릴 수도 있어요. 하지만 5형식의 목적격 보어는 목적어를 보충 설명해 주는 것이기 때문에 목적어와의 관계를 눈여겨보면 구별이 가능하죠.

4형식

I made him some cookies. 나는 그에게 쿠키를 좀

간접목적어   직접목적어   만들어 줬다.

(him ≠ some cookies)

5형식

I made him a doctor. 나는 그를 의사로 만들었다.

목적어   목적격 보어

(him = a doctor)

4형식과 5형식을 구별하는 방법은 「주어+동사」 뒤의 나오는 문장 성분들로 '~이다'라는 문장을 만들어 보는 거예요.

4형식의 him과 some cookies로 문장을 만들어 보면 '그는 쿠키다'라는 문장이 되는데, 말이 안 되는 문장이죠?

하지만 5형식의 him과 a doctor로 문장을 만들면 '그는 의사다'라는 맞는 문장이 돼요.

이렇게 4형식과 5형식을 구별할 수 있답니다.

연습문제 | 문제를 풀고 녹음 파일을 따라 읽고 연습하세요. 🎧 MP3 5권 본문 UNIT 04
정답 및 해설 p. 109

Step 1   5형식 문장에 ○표, 5형식이 아닌 문장에는 ×표 하세요.

01   It makes me happy. .... (○)

02   Grandma showed me her family photo albums. .... ( )

사진첩, 앨범

03   We chose him a manager. .... ( )

매니저, 관리자

04   My mother gives me advice. .... ( )

조언, 충고

05   I called her our captain. .... ( )

선장, 우두머리

06   Jenny bought him a baseball cap. .... ( )

야구 모자

07   I found this box full. .... ( )

가득 찬

08   I heard someone cry at night. .... ( )

울다   밤에

09 She made me wash the dishes. ────────────── (   )
설거지하다

10 I made my puppy a delicious meal. ───────── (   )
강아지　　　　　　식사

Step 2 괄호 안에서 알맞은 것에 ○표 하세요.

01 I called (she / (her)) Anna.

02 Mr. Simpson made his wife (happy / happily).
아내, 부인

03 We saw (he / him) ride a bike.

04 I heard Emily (laugh / is laughing) loudly.
웃다　　　　　　　　　큰 소리로

05 We made him (a class president / excitedly).

06 Mr. Watson found the film festival (interesting / interestingly).
영화　축제

07 He saw a child (cross / is crossing) the street.
건너다

08 The classical music always makes him (sleepy / sleepily).
고전의

09 Claire watched her boyfriend (play / is playing) basketball.

10 We chose him (a chairman / is popular).
의장, 회장　　　인기 있는

Step 3 괄호 안에 주어진 문장이 몇 형식인지 쓰고, 우리말로 해석하세요.

01 I made him angry. (5   ) 형식

⇨ 나는 그를 화나게 만들었다.

02 He calls me Mr. Nick. (   ) 형식

⇨ _____

03 I sent a package to him. (   ) 형식
소포

⇨ _____

04 Tom saw Claire dance. (   ) 형식

⇨ _____

05 She gave some cookies to me. (   ) 형식

⇨ _____

06 Jerry taught me French. (   ) 형식
프랑스어

⇨ _____

07 I heard him sing a song. (   ) 형식

⇨ _____

08 I saw him draw a picture. (   ) 형식
그리다

⇨ _____

Step 4 문장의 목적어와 목적격 보어를 찾아 쓰세요. (목적격 보어가 없으면 X표 하세요.)

01 We called him Minho. ⇨ 목적어 ___him___ 목적격 보어 ___Minho___

02 I finished the homework easily. ⇨ 목적어 _____ 목적격 보어 _____
쉽게

03 The story made me sad. ⇨ 목적어 _____ 목적격 보어 _____

04 I heard someone shout. ⇨ 목적어 _____ 목적격 보어 _____
소리치다

05 Kim made me a police officer. ⇨ 목적어 _____ 목적격 보어 _____
경찰관

06 She gave me a new cell phone. ⇨ 목적어 _____ 목적격 보어 _____
휴대전화

중학교 내신 시험에 꼭 나오는 문법 요점 정리 | 5형식 문장

5형식 문장의 형태 : 주어+동사+목적어+(①   )
(②   )는 목적어를 보충 설명해 주는 역할
목적격 보어 자리에 들어 갈 수 있는 것: 명사, (③   ), 동사
4형식과 5형식 문장의 구분법: '~이다'라는 문장으로 해석하는 방법
'~이다'로 해석했을 때, 자연스럽게 해석되는 것은 (④   )

① 목적격 보어 ② 목적격 보어 ③ 형용사 ④ 5형식 문장(O형식)

UNIT 05
부가의문문

공부한 날 :   복습한 날 :   부모님 확인 :

두 사람의 대화를 잘 살펴보세요. 여자 어린 이가 자신의 의견을 이야기한 후에 상대방의 동의를 구하는 '그렇지 않니?'를 덧붙였네요. 이렇게 문장 끝에 동의나 확인을 구하려고 덧붙여 묻는 말을 '부가의문문'이라고 부른답니다.

영어의 부가의문문을 만들 때 꼭 지켜야 하는 세 가지 규칙이 있어요.

> **1** 앞의 문장이 긍정이면 → 부정의 부가의문문을 붙이고,
> 앞의 문장이 부정이면 → 긍정의 부가의문문을 붙여요!
> **2** 부가의문문에서 주어는 → 인칭대명사로 바꿔줘요!
> **3** 동사 → 부정어 not이 들어갈 때는 축약형으로 써요!

앞의 문장에 be동사, 일반동사, 조동사를 쓸 경우 부가의문문이 어떻게 만들어지는지 알아볼게요.

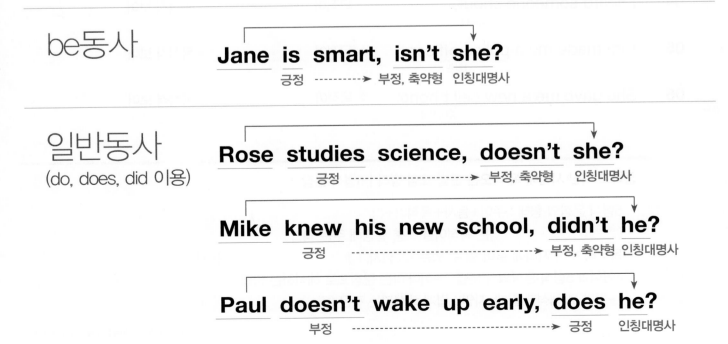

be동사

Jane is smart, isn't she?

긍정 ----------→ 부정, 축약형   인칭대명사

일반동사
(do, does, did 이용)

Rose studies science, doesn't she?

긍정 --------------------→ 부정, 축약형   인칭대명사

Mike knew his new school, didn't he?

긍정 ----------------------------→ 부정, 축약형 인칭대명사

Paul doesn't wake up early, does he?

부정 --------------------------------→ 긍정   인칭대명사

조동사

He can use the dictionary, can't he?

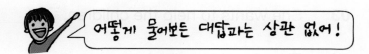

긍정 ---> 부정, 축약형 인칭대명사

부가의문문으로 물어볼 때는 어떻게 대답하면 될까요?
간단하게 Yes 또는 No로 대답하면 됩니다.

She likes pizza, doesn't she?
그녀는 피자를 좋아해, 그렇지 않니?

Yes, she does.
응, 좋아해.

She doesn't like pizza, does she?
그녀는 피자를 좋아하지 않아, 그렇지?

No, she doesn't.
아니, 안 좋아해.

부정으로 물어보든 긍정으로 물어보든 상관 없이 대답이 긍정적 내용이면 Yes로, 부정적 내용이면 No로 대답해요.

어떻게 물어보든 대답과는 상관 없어!

연습문제 | 문제를 풀고 녹음 파일을 따라 읽고 연습하세요. 🎧 MP3 5권 본문 UNIT 05
정답 및 해석 p. 109

초777_5_p5

Step 1 문장에서 밑줄 친 부분을 바르게 고쳐 쓰세요.

01 Your brother is a journalist, <u>is he</u>?
　　　　　　　　　　　언론인
⇨ isn't he

02 She didn't do her homework, <u>is she</u>?
⇨ _____

03 They went to swim last Sunday, <u>did they</u>?
　　　　　　　　　　수영하다
⇨ _____

04 He can speak Spanish very well, <u>he can't</u>?
　　　　　　　　스페인어
⇨ _____

05 Jane was not in her room, <u>was Jane</u>?
⇨ _____

06 You like Scott, <u>does you</u>?
⇨ _____

07 The bookstore opens at 8, <u>don't it</u>?
　　　서점
⇨ _____

08 Her hobby is reading books, doesn't it? ⇨ _____

09 You won't go to the hospital, would you? ⇨ _____
　　 will not ~하지 않을 것이다

10 He studies with his friends, does he? ⇨ _____

Step 2　빈칸에 알맞은 부가의문문을 쓰세요.

01 This room is so small, ___isn't it___ ?

02 He can't go fishing, _____ ?
　　　　　낚시하러 가다

03 She wants to help the children, _____ ?

04 They fought yesterday, _____ ?
　　　fight 싸우다

05 You really hate her, _____ ?
　　　　싫어하다

06 We will meet at the theater, _____ ?

07 She was fat, _____ ?
　　　뚱뚱한

08 You can play the violin, _____ ?

09 The students didn't pass the exam, _____ ?
　　　　　　통과하다　　시험

10 My mother is not strict, _____ ?
　　　　　　엄격한

Step 3　괄호 안에서 알맞은 것에 ○표 하세요.

01 This cup is yours, ((isn't it) / is it)?

02 You took my purse, (did you / didn't you)?
　　　　　지갑

03 Jane didn't want to go there, (did she / did Jane)?

04 He can speak Chinese, (can he / can't he)?
　　　　　중국어

05 They aren't your friends, (are they / aren't they)?

06 You should <u>exercise</u> every day, (should you / shouldn't you)?
운동하다

Step 4 빈칸에 알맞은 말을 쓰세요.

01 You saw him play baseball, didn't you?

⇨ _____Yes_____, I did.

02 He isn't reading a <u>newspaper</u>, is he?
신문

⇨ No, he _____.

03 Mary can bake apple pies, can't she?

⇨ Yes, she _____.

04 She didn't call me, did she?

⇨ _____, she didn't.

05 Tom was tired, wasn't he?

⇨ _____, he was.

06 The bank closes at 4 p.m., doesn't it?
(상점 등의) 문을 닫다

⇨ _____, it does.

중학교 내신 시험에 꼭 나오는 문법 요점 정리 | 부가의문문

(①   ): 문장 끝에 동의나 확인을 구하려고 덧붙여 묻는 말
부가의문문을 만들 때 지켜야 할 규칙

- 긍정문일 경우 → (②   )의 부가의문문
- 부정문일 경우 → (③   )의 부가의문문
- 부가의문문의 주어는 (④   )로
- 동사는 부정어 not이 들어갈 때는 축약형으로

부가의문문에 쓰이는 동사는 해당 문장의 동사에 따라,
be동사 → be동사, 일반동사 → do, does, did, 조동사 → 조동사

① 부가의문문 ② 부정 ③ 긍정 ④ 인칭대명사

UNIT 01~05

진단평가 및 교내평가 대비 실전테스트

공부한 날 :   복습한 날 :   부모님 확인 :

UNIT 01 문장의 5형식 UNIT 02 2형식 문장과 감각동사 UNIT 03 4형식 문장 → 3형식 문장 UNIT 04 5형식 문장 UNIT 05 부가의문문

01

다음 문장 중 문장 형식이 <u>다른</u> 하나를 고르세요.

① I go to school every day.
② I cried all night.
③ I heard some noise from outside.
④ The sun rises in the east.

[02~03] 다음 그림을 보고, 빈칸에 들어갈 알맞은 말을 [보기]에서 골라 쓰세요.

[보기] taste, look, sound, feel

02

It _____ s soft.

03

This _____ s good.

04

다음 문장 중 어순이 올바르지 <u>않은</u> 것을 고르세요.

① My father bought me a computer.
② They showed the picture me.
③ Mom ordered us some pizza.
④ Steve taught her math.

05

다음 빈칸에 들어갈 알맞은 전치사를 쓰세요.

My mother always cooks delicious food
_____ us.

[06~07] 부가의문문이 되도록 빈칸에 알맞은 말을 쓰세요.

06

It is so cold here, _____?

07

Paul loves her very much, _____?

08

다음 대화의 빈칸에 들어갈 부가의문문을 고르세요.

> A: You should watch this movie.
> B: Is it fun?
> A: Yes. I watched it twice.
> B: You really like the movie, _____.

① don't you?
② do you?
③ are you?
④ aren't you?

[09~10] 다음 빈칸에 공통으로 들어갈 알맞은 말을 고르세요.

09 (to / for)

> • Susan gave chocolate _____ him.
> • Mr. Kim told a story _____ me.

10 (is / isn't)

> A: He is a teacher, _____ he?
> B: No, he _____. He's a doctor.

11

다음 그림을 보고, 빈칸에 들어갈 알맞은 단어를 골라 연결하세요.

(1)

He _____s her a puppy.

(2)

She _____s her friend a letter.

(3)

He _____s his sister some money.

• ㉠ (lend)

• ㉡ (bring)

• ㉢ (send)

12

다음 중 틀린 문장을 고르세요.

① I made a model airplane for fun.
② I wrote a short story.
③ She saw the man dance.
④ We make happy her.

[13~14] 다음 문장의 밑줄 친 부분을 바르게 고쳐 문장을 다시 쓰세요.

13

She <u>can</u> speak Italian, can she?

⇨ _____

14

Julia is diligent, is not Julia?

⇨ _____

[15~17] 다음 그림을 보고, 3형식 문장이 되도록 주어진 단어를 순서에 맞게 빈칸에 쓰세요.

15

(a bear, dance)

He is teaching _____ to _____.

16

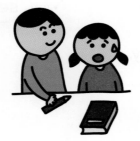

(her, a pen)

He is giving _____ to _____.

17

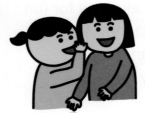

(the news, her)

She told _____ to _____.

18

다음 중 어색한 문장을 고르세요.

① I heard her sing beautifully.
② George made me sadly.
③ She calls him Mr. Nice Guy.
④ Julia found the book boring.

19

다음 대화를 읽고, 빈칸에 들어갈 말이 알맞게 짝지어진 것을 고르세요.

> A: Did you see Alice yesterday?
> B: Yes, but she didn't look ____ⓐ____.
> A: She had a fight with her best friend, Susan. She made Susan ____ⓑ____.

	ⓐ	ⓑ
①	happy	angry
②	happy	angrily
③	happily	angry
④	happily	angrily

[20~21] 다음 단어들을 순서에 맞게 배열하여 5형식 문장을 완성하세요.

20

> (found / I / this song / beautiful).

⇨ _____

21

> (made / her / cry / Kate).

⇨ _____

[22~23] 다음 글을 읽고, 물음에 답하세요.

> ㉠ Jenny has a younger sister, Anna. On Anna's birthday, ㉡ Jenny gave her a nice T-shirt. But ㉢ Anna didn't find it pretty. She never wore it. ㉣ Jenny felt sad. So she will buy a new T-shirt for Anna.

22

글의 내용과 일치하지 않는 것을 고르세요.

① Anna는 Jenny의 여동생이다.
② Jenny는 Anna에게 생일 선물을 줬다.
③ Anna는 티셔츠가 예쁘다고 생각했다.
④ Jenny는 Anna에게 새 티셔츠를 사 줄 것이다.

23

㉠~㉣ 중 4형식 문장과 5형식 문장을 고르세요.

4형식 문장 : _____
5형식 문장 : _____

24

다음 빈칸에 알맞은 부가의문문을 쓰세요.

(1) He doesn't know his uncle's name,

_____

(2) We cleaned the room last night,

_____

25

다음 그림을 보고, 괄호 안의 단어들을 배열하여 문장을 완성하세요.

(elected, Mr. Nam, We, president)

⇨ _____

26

다음 빈칸에 공통으로 들어가는 전치사를 쓰세요.

- He taught English _____ children many years ago.
- I am in school from 8 a.m. _____ 3 p.m.

27

다음 편지글을 읽고, 밑줄 친 부분을 알맞게 고치세요.

Dear Jun,
Hi! I'm in Canada now. I saw your pictures in your email. You looked (1) happily in the picture. I will send some pictures of me (2) for you.
I miss you.
Bye.

With lots of love,
David

(1) _____
(2) _____

28

다음 중 보어가 없는 문장을 고르세요.

① I feel my hands cold.
② She looked shocked.
③ I don't like birds.
④ They made me sweep the floor.

[29~30] 다음 중 밑줄 친 부분이 틀린 것을 고르세요.

29

① My father is very handsome.
② His face turned red.
③ She is feeling cold.
④ Mr. Jones is a pilot.

30

① I got hungry.
② She is pretty, isn't she?
③ He will become a movie star.
④ The food tastes badly.

UNIT 06
현재분사와 과거분사

공부한 날 :   복습한 날 :   부모님 확인 :

여러분은 동사의 의미를 가진 형용사가 있다는 사실을 알고 있나요?
동사면 동사고 형용사면 형용사지, 동사의 의미를 지닌 형용사는 또 뭐냐고요? 그림을 보며 알아봅시다.

왼쪽 그림과 같이 현재분사는 동사원형에 -ing를 붙여서 만들어요.
그렇다면 이러한 현재분사는 어떤 특징을 가지고 있을까요?

현재분사의 특징
• 형용사 역할을 하며 명사의 상태를 설명합니다.
• '~하는'의 능동의 의미를 가집니다.

과거분사 역시 현재분사처럼 동사의 형태를 바꿔 형용사 역할을 한답니다.

과거분사의 특징
• 현재분사처럼 형용사 역할을 하며 명사의 상태를 설명합니다.
• '~되어진'의 수동의 의미를 가집니다.

과거분사는 대부분 동사 뒤에 -ed를 붙여 만들지만 그 외에도 다양한 과거분사의 불규칙 형태가 있어요.
몇 가지 불규칙 과거분사를 정리해볼게요.

break 깨트리다	broken 깨어진	build 짓다	built 지어진
buy 사다	bought 구매된	eat 먹다	eaten 먹힌,먹어진
find 찾다	found 찾아진	forget 잊다	forgotten 잊혀진
hide 숨기다	hidden 숨겨진	steal 훔치다	stolen 훔쳐진
tell 말하다	told 말해진	speak 말하다	spoken 말해진
make 만들다	made 만들어진	read 읽다	read[red] 읽혀진
put 놓다	put 놓여진	write 글을 쓰다	written 글로 쓴

현재분사와 과거분사는 감정을 나타낼 때 쓸 수도 있어요. 현재분사인 -ing형은 사물과 함께 감정을 일으키는 능동의 의미를 가지고, 과거분사인 -ed형은 사람과 함께 쓰며 사람이 감정을 느끼게 되는 수동의 의미를 가집니다.

현재분사	과거분사	현재분사	과거분사
boring 지루한	bored 지루해하는	exciting 신나는	excited 신이 난
tiring 지치게 하는	tired 지친	surprising 놀라운	surprised 놀란
shocking 충격적인	shocked 충격을 받은	interesting 재미있는	interested 재미있어하는

The movie was boring.
그 영화는 지루했다.

He was bored with the movie.
그는 그 영화에 지루해했다.

연습문제 | 문제를 풀고 녹음 파일을 따라 읽고 연습하세요. 🎧 MP3 5권 본문 UNIT 06
정답 및 해석 p. 110

초777_5_p6

Step 1   우리말 해석과 같도록 괄호 안에서 알맞은 단어에 ○표 하세요.

01   a (walk / (walking)) girl 걸어가는 소녀

02   a (fly / flying) plane 날아가는 비행기
비행기

03   a (run / running) car 달려가는 자동차

04   a (sleeping / sleep) dog 잠자는 강아지

05   a (crying / cried) baby 울고있는 아기

06   a (breaking / broken) window 깨진 창문

07   a (tire / tired) student 피곤한 학생

08   The book was (write / written) by me. 그 책은 나에 의해 쓰여졌다.

09   a (bored / boring) speech 지루한 연설

10   a (painting / painted) picture 색칠된 그림

11   (surprised / surprising) news 놀라운 소식

12   a (using / used) car 사용된 차, 중고차

Step 2 현재분사는 과거분사로, 과거분사는 현재분사로 고쳐 쓰세요.

01 broken ⇨ *breaking* 02 eating ⇨ _____

03 closed ⇨ _____ 04 opening ⇨ _____

05 written ⇨ _____ 06 having ⇨ _____

07 run ⇨ _____ 08 walking ⇨ _____

09 exciting ⇨ _____ 10 gone ⇨ _____

11 selling ⇨ _____ 12 spent ⇨ _____

13 stealing ⇨ _____ 14 bored ⇨ _____

15 done ⇨ _____ 16 carrying ⇨ _____

17 being ⇨ _____ 18 died ⇨ _____

19 giving ⇨ _____ 20 ringing ⇨ _____

21 burned ⇨ _____ 22 built ⇨ _____

23 surprising ⇨ _____ 24 painted ⇨ _____

25 crossing ⇨ _____ 26 picked ⇨ _____
   건너다, 횡단하다   따다, 고르다

27 finished ⇨ _____ 28 cleaning ⇨ _____

29 living ⇨ _____ 30 putting ⇨ _____

Step 3 우리말 해석과 같도록 주어진 단어를 알맞은 분사형태로 바꾸어 빈칸에 쓰세요.

01 We called him a _____*walking*_____ dictionary. (walk)
                                              사전
   우리는 그를 걸어 다니는 사전이라고 불렀다.

02 The money _____ on food was too much. (spend)
   음식에 쓰인 돈이 너무 많았다.

03 She won first prize at the _____ contest. (sing)
win first prize 1등하다   대회, 경연

그녀는 노래하는 대회에서 1등을 했다.

04 I finally found my _____ wallet. (lose)

나는 마침내 나의 잃어버린 지갑을 발견했다.

05 She asked me _____ hours. (open)
시간

그녀는 나에게 개장하는 시간을 물어봤다.

06 He put some _____ leaves in the book. (fall)

그는 떨어진 나뭇잎을 책에 넣었다.

07 We were watching the _____ sun. (rise)

우리는 떠오르는 태양을 바라보고 있었다.

08 The street was _____ by snow. (cover)

그 거리는 눈으로 덮였다.

09 I bought an _____ game. (excite)

나는 흥미로운 게임을 샀다.

10 Taeho was _____ in art. (interest)
미술, 예술

태호는 미술에 흥미가 있었다.

중학교 내신 시험에 꼭 나오는 문법 요점 정리 | 현재분사와 과거분사

● 현재분사와 과거분사의 공통점
  • (① _____) 역할
● 현재분사
  • 형태: 동사원형 + (② _____)
  • '～하는'이라는 (③ _____)적인 의미
● 과거분사
  • 형태: 동사원형 + -ed / 불규칙
  • '～되어진'이라는 (④ _____)적인 의미
● 감정을 나타내는 분사
  • 현재분사(-ing): 주로 (⑤ _____)과 함께 쓰여 능동의 의미를 가짐
  • 과거분사(-ed): 주로 (⑥ _____)과 함께 쓰여 수동의 의미를 가짐
  예) boring - bored   exciting - excited

① 형용사 ② -ing ③ 능동 ④ 수동 ⑤ 사람 ⑥ 사물

UNIT 07
수동태 만들기

공부한 날 :   복습한 날 :   부모님 확인 :

영어 문장은 주어가 무언가를 하는지, 무언가를 당하는지에 따라 크게 두 가지로 구분할 수 있답니다.
그림을 보며 알아볼까요?

주어가 도둑인 경우는 도둑이
지갑을 훔치는 능동적 행동을 취한 것이
기 때문에 '능동태'가 됩니다.
하지만, 주어가 지갑인 경우는
도둑에게 수동적으로 행동을 당한 것이기
때문에 '수동태'가 된답니다!
이처럼 문장의 주어가 무언가를 당하는
수동적 입장이 될 때 이 문장을 수동태라
고 해요.

그럼, 수동태의 형태를 알아볼까요? 수동태의 일반적인 형태는 「주어 + be동사 + 과거분사」랍니다! 주
어에게 행동을 가한 사람을 나타내려면 문장 뒤에 「by + 행위자(목적격)」을 쓰면 된답니다.
현재시제일 때는 be동사를 am, are, is로, 과거시제일 때는 was, were로 바꾸는 것 잊지 마세요.

They love me. 그들은 나를 사랑한다.

I am loved by them. 나는 그들에 의해 사랑받는다.

반드시 수동태로만 써야 하는 경우를 두 가지 알아볼까요?
주어가 당한 행동을 누가 한 것인지 모를 때, 그리고 행동의 대상을 강조할 때는 꼭 수동태가 쓰인답니다!

누가 한 일인지 모를 때   행동의 대상을 강조할 때

The window is broken.
유리창이 깨어졌다.

This book was written by me.
이 책은 나에 의해 쓰여졌다.

연습문제

문제를 풀고 녹음 파일을 따라 읽고 연습하세요. 🎧 MP3 5권 본문 UNIT 07
정답 및 해석 p. 110

초777_5_p7

Step 1 수동태에는 '수', 능동태에는 '능'이라고 쓰세요.

01 Mary is late. .... (능)

02 My bag was stolen. .... (   )
        steal 훔치다

03 The book was written by Annie. .... (   )

04 She is loved by her friends. .... (   )

05 I lost my shoes. .... (   )

06 Jerry was caught by Tom. .... (   )
        catch 잡다, 붙잡다

07 He bought me a present. .... (   )

08 She gave bread to me. .... (   )

09 This movie was made by Mr. Lucas. .... (   )

10 The story was told by my mom. .... (   )

11 The pizza is served by the waitress. .... (   )
        제공하다, 서빙하다   여자 종업원

12 She locked the door. .... (   )

13 The color is changed by the temperature. .... (   )
        온도

14 I looked at the sky. .... (   )

15 The bridge was built by him. .... (   )
        다리, 교각

Step 2 문장을 수동태로 바꾸어 쓰세요.

01 He used this pencil.   ⇨ This pencil was used by him.

02 My brother drove that car. ⇨

UNIT 07 / 수동태 만들기 31

03 He stole my phone. ⇨ _____

04 She laughed at me. ⇨ _____

05 I made this cookie. ⇨ _____

06 I like this bike. ⇨ _____
자전거

07 I love you. ⇨ _____

08 She ate the pizza. ⇨ _____

09 Tom respects Jerry. ⇨ _____

10 Someone broke my glasses. ⇨ _____

11 We turned the table. ⇨ _____
돌리다

12 He invented the robot. ⇨ _____
발명하다   로봇

13 Many people collected stamps. ⇨ _____
수집하다

14 She finally understood Sam. ⇨ _____

15 We forgot his name. ⇨ _____

16 Jamie misses her mother. ⇨ _____

17 I walked the dog. ⇨ _____
산책시키다

Step 3 능동태는 수동태로, 수동태는 능동태로 바꾸어 쓰세요.

01 We speak Korean. ⇨ Korean is spoken by us.

02 The sculpture is shown by her. ⇨ _____
조각품

03 My mother bakes the cookies. ⇨ _____

04 The cup was broken by me. ⇨ _____

05 A cat bites my sister. ⇨ _____
물다, 물어뜯다

06 The movie is seen by us. ⇨ _____

07 We built the city. ⇨ _____

08 The tree is shaken by the wind. ⇨ _____
흔들다

09 This museum attracts many people. ⇨ _____
박물관　끌다, 끌어당기다

10 Snakes eat animals. ⇨ _____
뱀

11 He fixed the computer. ⇨ _____

12 They clean the street. ⇨ _____

13 A lot of people use the subway. ⇨ _____

14 She moved the box. ⇨ _____

15 He parked his car there. ⇨ _____
주차하다

16 The kids sang a song. ⇨ _____

17 Someone found my wallet. ⇨ _____

UNIT
07

중학교 내신 시험에 꼭 나오는 문법 요점 정리 | 수동태 만들기

- **문장의 종류**
  - (① _____): 주어가 행동을 하는 것
  - (② _____): 주어가 행동을 당하는 것
- **수동태의 형태**
  주어 + (③ _____) + (④ _____) + (⑤ _____) + 행위자(목적격)
- **수동태가 꼭 쓰이는 경우**
  - 누가 한 일인지 모를 때
  - 행동의 (⑥ _____)을 강조할 때

① 능동태 ② 수동태 ③ be동사 ④ 과거분사 ⑤ by ⑥ 대상

UNIT 08
수동태의 부정문과 의문문

공부한 날 :   복습한 날 :   부모님 확인 :

수동태에도 부정문, 의문문이 있습니다. 이번에는 수동태의 부정문과 의문문에 대하여 알아봅시다. 그림을 한번 볼까요?

This house is not used anymore.
이 집은 더 이상 사용되지 않아요.

눈치챘나요? 수동태의 부정문을 만드는 방법은 간단하답니다. be동사와 과거분사 사이에 not만 쓰면 되거든요. be동사와 not은 부정문 만들기에서 배웠듯이 줄여서 쓸 수도 있습니다.
수동태의 의문문도 그림을 보며 한번 배워 봅시다.

Is sushi eaten in Korea?
초밥이 한국에서 먹히니?
(한국에서는 초밥을 먹니?)

수동태 의문문 만드는 방법도 크게 어렵지 않습니다. 수동태의 의문문은 주어와 be동사의 자리를 바꾸면 된답니다!

연습문제

Step 1 수동태 문장을 부정문으로 바꾸어 쓰세요.

01 Her car was repaired by Tom. ⇨ Her car was not[wasn't] repaired by Tom.
수리하다

02 My bag was made by her. ⇨ _____

03 The book was written by Amy. ⇨ _____

04 She is hated by her friends. ⇨ _____

05 The car was sold by them. ⇨ _____

06 Jerry was caught by Sam. ⇨ _____

07 It was read by her. ⇨ _____

08 I was raised by my aunt. ⇨ _____
키우다

09 This movie was directed by Mr. Kim. ⇨ _____

10 This room was cleaned by him. ⇨ _____

11 It is sung by Mary. ⇨ _____

12 This bridge was built by my uncle. ⇨ _____

13 The balloons are filled with air. ⇨ _____
be filled with ~로 채워지다

14 The baby is fed by her mother. ⇨ _____
feed (먹이를) 먹이다

15 The ball was hit by Tom. ⇨ _____

16 I was hurt by his words. ⇨ _____
말, 단어

17 She is led to her room. ⇨ _____
lead 안내하다, 인도하다

UNIT
08

18 The car was <u>produced</u>.
생산하다
⇨ _____

19 Flies are eaten by <u>frogs</u>.
개구리
⇨ _____

20 Your bag was found by Joseph.
⇨ _____

Step 2 Step 1의 수동태 문장을 의문문으로 바꾸어 쓰세요.

01 Her car was repaired by Tom.
⇨ Was her car repaired by Tom?

02 My bag was made by her.
⇨ _____

03 The book was written by Amy.
⇨ _____

04 She is hated by her friends.
⇨ _____

05 The car was sold by them.
⇨ _____

06 Jerry was caught by Sam.
⇨ _____

07 It was read by her.
⇨ _____

08 I was raised by my aunt.
⇨ _____

09 This movie was directed by Mr. Kim.
⇨ _____

10 This room was cleaned by him.
⇨ _____

11 It is sung by Mary.
⇨ _____

12 This bridge was built by my uncle.
⇨ _____

13 The balloons are filled with air.
⇨ _____

14 The baby is fed by her mother.
⇨ _____

15 The ball was hit by Tom. ⇨ _____

16 I was hurt by his words. ⇨ _____

17 She is led to her room. ⇨ _____

18 The car was produced. ⇨ _____

19 Flies are eaten by frogs. ⇨ _____

20 Your bag was found by Joseph. ⇨ _____

Step 3 주어진 단어를 알맞은 형태로 바꿔 빈칸에 쓰세요.

01 The shoes were ____not bought____ by her. (buy, not)

02 Was this novel _____ by John? (write)

03 Your memories were _____ by the accident. (lose, not)
memory 기억(력)   사고

04 Were those dishes _____? (break)

05 The notebook was _____ on the table yesterday. (put)
~을 …에 놓다

06 Oranges are _____ in California. (grow)
자라다

07 Chocolates are _____ by dogs. (eat, not)

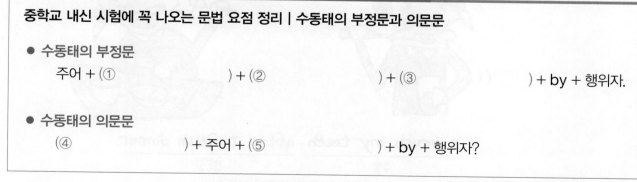

중학교 내신 시험에 꼭 나오는 문법 요점 정리 | 수동태의 부정문과 의문문

● 수동태의 부정문
　　주어 + (①　　　　) + (②　　　　) + (③　　　　) + by + 행위자.

● 수동태의 의문문
　　(④　　　　) + 주어 + (⑤　　　　) + by + 행위자?

① be동사 ② not ③ 과거분사 ④ be동사 ⑤ 과거분사

UNIT 09
시간의 접속사 when / after / before

공부한 날 :   복습한 날 :   부모님 확인 :

접속사는 단어끼리, 혹은 문장끼리 연결시켜 주는 접착제 역할을 해요. 이번에는 여러 접속사 중에서 시간을 나타내는 접속사들에 대해 알아볼 거예요. 주인이 되는 문장인 주절 문장 뒤에 시간의 접속사를 쓴 종속절 문장을 붙여 하나의 문장을 만들 수 있어요.

when ~할 때

I like to play computer games. + I am free.

I like to play computer games <u>주절</u> when I am free. <u>종속절</u>

나는 한가할 때 컴퓨터 게임하는 것을 좋아해.

after ~한 후에

I brush my teeth. + I finish dinner.

I brush my teeth <u>주절</u> after I finish dinner. <u>종속절</u>

나는 저녁 식사를 마친 후에 이를 닦아.

before ~하기 전에

Finish your homework <u>before you watch TV.</u>
주절 종속절

TV를 보기 전에 숙제를 끝내라.

시간의 접속사가 쓰인 종속절 문장을 주절 문장의 앞으로 데려갈 수도 있는데, 이때는 다음과 같이 종속절 뒤에 콤마(,)를 꼭 붙여줘야 해요.

When I am free, I like to play computer games.

After I finish dinner, I brush my teeth.

Before you watch TV, finish your homework.

앞서 배운 문장과 주절과 종속절의 순서는 바뀌었지만 뜻은 똑같답니다.

연습문제 | 문제를 풀고 녹음 파일을 따라 읽고 연습하세요. 🎧 MP3 5권 본문 UNIT 09
정답 및 해석 p. 111

Step 1 우리말 해석과 같도록 [보기]에서 알맞은 단어를 골라 쓰세요.

> [보기] **when   after   before**

01 You have to be quiet <u>when</u> you watch a movie. 영화를 볼 때는 조용히 해야 한다.

02 I usually read books _____ I go to bed. 나는 자기 전에 보통 책을 읽는다.

03 _____ I moved to Korea, I lived in the UK.
영국

한국으로 이사오기 전에, 나는 영국에서 살았다.

04 Don't talk too much _____ you are eating. 먹을 때 너무 많이 말하지 말아라.
너무 많이

05 Let's go out and play _____ we finish our homework. 숙제를 마치고 나서 나가서 놀자.

06 My brother snores _____ he sleeps. 나의 남동생은 잘 때 코를 곤다.
코를 골다

07 _____ Henry finished college, he got a job. Henry는 대학 졸업 후 직장을 구했다.
대학

08 We have to go to the store _____ it closes. 가게가 문을 닫기 전에 우리는 그 가게에 가야 한다.

09 _____ he played basketball, he took a shower. 그는 농구를 한 후에 샤워를 했다.

10 My mom cooked dinner _____ she came back from work.

나의 엄마는 직장에서 돌아오신 후에 저녁 식사를 요리하셨다.

Step 2 빈칸에 들어갈 알맞은 말을 [보기]에서 골라 쓰세요.

> [보기] **after we worked hard**　　　**when the red light is on**
> 　　　　　　　　　　　　　　　　　　　　 빨간 신호등　 be on 켜지다
> **before the movie started**　　　~~after we finished the meal~~
>
> **when it rains**

01 We ordered desserts _after we finished the meal_.
주문하다　디저트, 후식

02 _____, I usually stay at home.

03 We bought the movie ticket _____.

04 _____, we took some rest.
휴식

05 You have to stop _____.

Step 3 괄호 안의 내용에 맞도록 빈칸에 적절한 접속사를 쓰고 문장을 우리말로 해석하세요.

01 I go to the park __when__ I want to take a walk. (~할 때)
산책하다
⇨ 나는 산책을 하고 싶을 때 공원에 간다.

02 I will take a rest _____ I study English. (~한 후에)

⇨ _____

03 Wash your hands _____ you eat lunch. (~하기 전에)

⇨ _____

04 Let's go to school _____ we eat breakfast. (~한 후에)

⇨ _____

05 _____ I feel tired, I usually sleep. (~할 때)

⇨ _____

Step 4 괄호 안의 표현과 알맞은 접속사를 이용하여 문장을 쓰세요.

01 난 잠을 자기 전에 따뜻한 우유를 마신다.

(drink warm milk / go to bed)

⇨ I drink warm milk before I go to bed.
[Before I go to bed, I drink warm milk.]

02 나는 눈이 올 때 눈사람을 만든다.

(make a snowman / snow)
　　　　　　　　　눈이 오다

⇨ _____

03 그녀는 쿠키를 먹고 나서 이를 닦는다.

(brush one's teeth / eat cookies)

⇨ _____

04 그는 식사를 마친 후 운동을 한다.

(exercise / finish the meal)

⇨ _____

05 그녀는 학교에 가기 전에 신문을 읽는다.

(go to school / read a newspaper)

⇨ _____

중학교 내신 시험에 꼭 나오는 문법 요점 정리 | 시간의 접속사 when / after / before

● 시간의 접속사의 종류와 의미

시간의 접속사	의미
(① 　　　　　　　)	~할 때
(② 　　　　　　　)	~한 후에
(③ 　　　　　　　)	~하기 전에

• 주절의 문장 + 시간의 접속사 + 종속절 문장
• 시간의 접속사 + 종속절 문장 + (④ 　　　　　　　) + 주절의 문장

① when ② after ③ before ④ 쉼표(,)

because는 '~하기 때문에, 왜냐하면'의 뜻으로, 원인이나 이유를 말할 때 사용해요.

I drank too much coffee.
원인 문장

I couldn't sleep.
결과 문장

I couldn't sleep   because   I drank too much coffee.
결과   +   원인

커피를 너무 많이 마셔서 난 잠을 잘 수 없었어.

because는 뒤에 붙는 원인 문장과 함께 문장 맨 앞으로 갈 수도 있어요. 이때는 다음과 같이 원인이 되는 문장 뒤에 콤마(,)를 붙여 줘요.

> Because + 원인 문장, + 결과 문장
>
> **Because I drank too much coffee, I couldn't sleep.**
> 커피를 너무 많이 마셔서 난 잠을 잘 수 없었어.

참고로, '~때문에'란 뜻의 because of도 이유를 말할 때 사용해요. 하지만 of가 전치사이기 때문에 because of 뒤에는 문장이 아니라 명사를 써야 해요.

I couldn't sleep because of coffee. 나는 커피 때문에 잠을 못 잤어.

접속사 if는 '만약 ~하면'이라는 뜻으로 조건을 내걸 때 쓰여요.

You study hard.   +   You will pass the exam.
조건 문장   결과 문장

If you study hard, you will pass the exam.
조건   결과

열심히 공부하면, 시험에 합격할 거야.

앞서 배운 because와 마찬가지로 문장의 순서를 바꿔서 if와 조건 문장을 뒤로 보낼 수도 있어요. 그럼 콤마(,)는 사라지게 돼요.

> 결과 문장 + if + 조건 문장
>
> **You will pass the exam if you study hard.** 네가 열심히 공부하면 너는 시험에 합격할 거야.

여기서 주의할 점이 있어요. if 조건 문장의 내용이 미래를 나타내더라도 동사는 반드시 현재시제로 써야 해요.

If you study hard, you will pass the exam. (○)
If you will study hard, you will pass the exam. (×)

(지금 현재에) '공부를 열심히 한다면' (미래에) '시험을 통과할 것이다'라는 의미지만, if절의 동사는 현재형 study를 써야 한다는 것이죠.

연습문제 | 문제를 풀고 녹음 파일을 따라 읽고 연습하세요. 🎧 MP3 5권 본문 UNIT 10
정답 및 해석 p. 111

초777_5_p10

Step 1   괄호 안의 단어 중 맞는 것에 ○표 하세요.

01   I am hungry ((because) / if) I didn't eat lunch.

02   You'll miss the train (because / if) you come late.

03   (Because / If) he comes here, he will be invited.

04   (Because / If) my cell phone broke, I have to buy a new one.
                               break 망가지다

05   You cannot go out (because / if) you didn't help your dad.

06   Jane will become a nurse (because / if) she passes the test.

07   My brother didn't go to work (because / if) he was sick.

08   (Because / If) Danny wins the game, he will make a lot of money.

09 (Because / If) I wake up early tomorrow, I will go jogging.

10 (Because / If) Mike was bored, he called his friends.
be bored 지루하게 느끼다

11 (Because / If) she is beautiful, she is popular.

12 (Because / If) I didn't love Tom, I couldn't marry him.
~와 결혼하다

Step 2 빈칸에 들어갈 알맞은 말을 [보기]에서 골라 쓰세요.

[보기] **if you don't exercise**   **if she is not busy**

~~because I failed the test~~   **because I got good grades**

because he had a headache
두통

01 I am sad ___because I failed the test___ .

02 You will gain weight _____ .
몸무게가 늘다

03 Bill took some medicine _____ .
약

04 Sara will come to the meeting _____ .
회의

05 My father is proud of me _____ .
be proud of ~을 자랑스러워하다

Step 3 문장의 밑줄 친 부분을 바르게 고쳐 쓰세요.

01 I went to the hospital <u>because the cold</u>.
감기
⇨ ___because of the cold___

02 <u>Because of he was late</u>, he started to run.

⇨ _____

03 <u>He hurries up</u>, he will catch the bus.
hurry up 서두르다
⇨ _____

04 Study hard <u>because</u> you want to get a good grade.

⇨ _____

05 <u>If you will do your homework</u>, you can go out.

⇨ _____

06 <u>Because she was hungry. She</u> ordered a pizza.

⇨ _____

07 I drank some water <u>because of</u> I was thirsty.
목마른

⇨ _____

08 Go to sleep <u>if you were tired.</u>

⇨ _____

09 <u>Because of the fever. I</u> got a medicine.
열

⇨ _____

10 Call your mom <u>if you wanted to go.</u>

⇨ _____

11 <u>If you rode a bus</u>, you will not be late.

⇨ _____

12 <u>If she is kind</u>, everyone likes her.

⇨ _____

중학교 내신 시험에 꼭 나오는 문법 요점 정리 | 기타 접속사 because/if

원인 문장과 결과 문장을 연결하는 접속사: (① _____)
결과 문장과 조건 문장을 연결하는 접속사: (② _____)

접속사	의미	기능	활용 형태
because	~하기 때문에	원인·이유를 말할 때	결과 문장 + because + 원인 문장
because of	~ 때문에	원인·이유를 말할 때	because of + (③ _____)
if	만약 ~하면	조건을 내걸 때	결과 문장 + if + (④ _____)

① because ② if ③ 명사 ④ 조건 문장

UNIT 06~10
진단평가 및 교내평가 대비 실전테스트

공부한 날 :　　　　복습한 날 :　　　　부모님 확인 :

UNIT 06 현재분사와 과거분사　UNIT 07 수동태 만들기　UNIT 08 수동태의 부정문과 의문문　UNIT 09 시간의 접속사 when / after / before　UNIT 10 기타 접속사 because / if

01
다음 [보기]의 단어를 과거분사로 바르게 고쳐 쓴 것을 고르세요.

> [보기]　eat

① eaten　　　② ate
③ eated　　　④ eating

02
다음 표의 빈칸에 [보기]의 단어를 알맞게 분류해서 쓰세요.

> [보기]　breaking, broken, running, run, closed

현재분사	과거분사

03
다음 문장을 수동태로 고쳐 쓰세요.

He stole my purse.

⇨ _____

04
다음 중 과거분사와 현재분사가 바르게 짝지어지지 <u>않은</u> 것을 고르세요.

	과거분사	현재분사
①	gone	going
②	opened	opening
③	run	running
④	walk	walking

05
우리말 해석과 같도록 빈칸에 알맞은 접속사를 쓰세요.

> 공항에 도착했을 때, 나는 매우 배가 고팠다.
> _____ I arrived at the airport, I was very hungry.

06
밑줄 친 부분의 품사가 나머지와 <u>다른</u> 것을 고르세요.

① <u>When</u> is your birthday?
② <u>When</u> did you go there?
③ <u>When</u> I got up, I was sleepy.
④ <u>When</u> will you play soccer?

07

문장이 완성되도록 관계 있는 것끼리 연결하세요.

(1) If I go there, •   • ⓐ was stolen.
(2) His pencil •   • ⓑ I'll be happy.
(3) I saw him •   • ⓒ running.

08

다음 중 어법에 맞는 문장을 <u>두 개</u> 고르세요.

① His arm was broken by her.
② The cake was baking by Jane.
③ Go to sleep if you are tired.
④ Go to sleep when 12 a.m.

[09~10] 빈칸에 공통으로 들어갈 알맞은 단어를 쓰세요.

09 _____

- I wear my raincoat _____ it rains.
- We can go _____ the green light is on.

10 _____

- I wash my hands _____ I go to sleep.
- I lived in Busan _____ I moved to Seoul.

11

다음 문장이 수동태인지 능동태인지 구분하여 쓰세요.

(1) He is running. _____
(2) The window is broken. _____
(3) I saw that movie. _____
(4) The cookie was made by her.

_____

12

다음 그림과 일치하도록 주어진 글자로 시작하는 단어를 순서대로 쓰세요.

A: W_____ are you tired?
B: B_____ I had to study late at night for a test.

[13~14] 다음 글자들을 배열하여 분사를 만들고 그 뜻과 분사의 종류를 쓰세요.

13

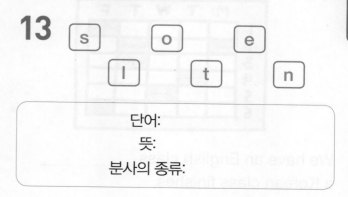

단어:
뜻:
분사의 종류:

14

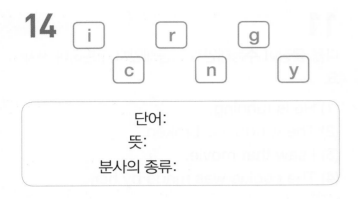

```
 i      r      g
    c      n      y
```

단어:

뜻:

분사의 종류:

[15~16] 다음 그림을 보고, 빈칸에 알맞은 시간의 접속사를 쓰세요.

15

We have a science class _____ a math class starts.

16

We have an English class _____ a Korean class finishes.

[17~18] 다음 그림을 보고, 우리말 해석과 같도록 빈칸에 알맞은 접속사를 쓰세요.

17

뭘 먹고 싶다면 손을 씻어라.

Wash your hands _____ you want to eat something.

18

괜찮아, 왜냐하면 난 배가 부르거든.

No thanks, _____ I am full.

19

다음 중 현재분사와 과거분사가 알맞게 짝지어진 것을 고르세요.

① eating – ate   ② closing – closed

③ stealing – stole   ④ running – ran

20

다음 중 문장의 형태가 나머지와 다른 것을 고르세요.

① The door is closed.

② The ball was hit.

③ I am kicking the ball.

④ My pen was lost.

[21~25] 다음 문장이 수동태이면 '수'에, 능동태이면 '능'에 ○표 하세요.

21

The movie was directed by me. (수 / 능)

22

He put on his rainboots. (수 / 능)

23

My room was cleaned by me. (수 / 능)

24

She cleaned my room. (수 / 능)

25

I walked to the park. (수 / 능)

26

다음 그림을 보고, 빈칸에 들어갈 알맞은 말을 [보기]에서 골라 쓰세요.

[보기]   when, if, because of

A: Was the baseball game delayed _____ the rain?

B: Yes. I was very sad _____ I heard the news.

[27~28] 다음 문장에서 틀린 부분을 찾아 바르게 고쳐 문장을 다시 쓰세요.(단, 주어는 바꾸지 마세요.)

27

My glasses was breaking

by him.

28

Read the book if you're

interesting.

[29~30] 다음 단어들을 순서에 맞게 배열하여 문장을 완성하세요.

29

(playing / He / tennis / now / is).

⇨ _____

30

(is / eaten / Japan / in / *Sushi*).

⇨ _____

UNIT
06~10
실
전
테
스
트

UNIT 11
When으로 묻고 시간 전치사로 답하기

공부한 날 :   복습한 날 :   부모님 확인 :

영어 의문사는 의문문의 맨앞에 붙이는 말로, 우리말의 육하원칙과 비슷해요. 그 의문사에는 who(누구), when(언제), where(어디서), what(무엇), how(어떻게), why(왜)가 있지요. 이 unit에서는 '언제'라는 뜻의 의문사 When으로 질문하고 시간 전치사를 이용해 답하는 표현을 배워 보아요.

When + be동사 + 주어 ~ ?

When is your birthday next week?
　　　　be동사　　　주어
네 생일이 다음주 언제니?

When are you coming home?
　　　　be동사 주어
당신 언제 집에 오세요?

자, 이제 시간 전치사를 활용해서 답을 해 볼까요?

It is on Monday. 월요일이야.
I'm coming home at 7 o'clock. 난 7시에 집에 가.

When + do/does/did + 주어 + 동사원형 ~ ?

When do you exercise?
　　　　　주어　　동사원형
넌 언제 운동하니?

When does he go to bed?
　　　　　주어 동사원형
그는 언제 잠드나요?

주어가 3인칭 단수일 때는 do대신 does를 써 준다는 거 잘 기억하고 있죠? 그럼, 과거에 대한 질문을 할 때는 어떻게 할까요? is/are는 인칭에 따라 was와 were를, do/does 대신에는 과거형 did를 써 주면 된답니다.

이번에는 같은 질문에 다양하게 답하는 법을 배워 봐요.
When do you exercise?

I exercise in the evening.
난 저녁에 운동해.

I exercise at 8 o'clock.
난 8시에 운동해.

I exercise on weekends.
난 주말에 운동해.

앞에 「주어 + 동사」 부분인 I exercise를 생략할 수도 있어요.

> 예 **In the evening.** 저녁에.   **At 8 o'clock.** 8시에.   **On weekends.** 주말에.

그럼 대답할 때는 언제 어떤 전치사를 쓰는지 표를 통해서 정리해 보아요.

in	in + 아침/오후/저녁/달/연도 예) in the morning (아침에), in April (4월에), in 2012 (2012년에)
at	at + 시간 예) at 7 o'clock (7시 정각에), at 2 p.m. (오후 2시에), at 9 a.m. (오전 9시에)
on	on + 요일/특정 날짜 예) on Monday (월요일에), on Christmas Day (크리스마스에)

위의 내용은 학교 시험에서도 잘 나오는 내용이니까 꼭 기억하세요.

연습문제

문제를 풀고 녹음 파일을 따라 읽고 연습하세요. 🎧 **MP3** 5권 본문 UNIT 11
정답 및 해석 p. 111

초777_5_p11

Step 1 질문과 답을 읽고 빈칸에 들어갈 말을 [보기]에서 골라 쓰세요.

> [보기]   **do**   **does**   **at**   **in**   **on**

01   A: When _____does_____ school begin?

      B: _____In_____ March.

02   A: When _____ you have the math exam?

      B: _____ Tuesday.
               화요일

03 A: When _____ the music class start?

B: _____ 9 a.m.

04 A: When _____ you usually study?

B: _____ the morning.

05 A: When _____ your parents give a present to you?

B: _____ my birthday.

06 A: When _____ your father get up?

B: _____ 5:00.

07 A: When _____ he come here?

B: _____ the afternoon.

Step 2 빈칸에 들어갈 알맞은 말을 쓰세요.

01 A: When _____do_____ you _____watch_____ TV?

B: I watch TV after dinner.

02 A: _____ _____ you _____ jogging?

B: I go jogging before breakfast.

03 A: When _____ _____ wake up today?

B: I woke up at 8 a.m. today.

04 A: _____ _____ the summer vacation _____?

B: It ends in August.
.....끝나다.........8월

05 A: _____ do _____ have to _____ your homework?

B: I have to finish it by tomorrow.
.................~까지

06 A: _____ do you _____ working?

B: I start working next week.

07 A: _____ _____ your birthday?

B: It is June 10th.
....6월

08　A: _____ _____ he go to America?

　　B: He went there in 2010.

09　A: When _____ the library _____?

　　B: It opens at 9 o'clock.

Step 3　질문에 맞게 빈칸에 알맞은 전치사를 쓰세요.

01　A: When did you take a shower in the morning?

　　B: _____At_____ 7 o'clock.

02　A: When does she go to Japan?

　　B: _____ April.

03　A: When were the last Olympics held?
　　　　　　　마지막의, 지난　올림픽　be held 열리다, 개최되다

　　B: _____ 2012.

04　A: When does the train arrive?

　　B: _____ 9 a.m.

05　A: When did you have a hamburger?

　　B: _____ the evening.

중학교 내신 시험에 꼭 나오는 문법 요점 정리 | When으로 묻고 시간 전치사로 답하기

● When 의문문

　• When + (① _____) + 주어 ~?

　• When + do/does/did + 주어 + (② _____) ~?

● 시간 전치사의 종류

(③　　　　　)	연도, 달, 아침, 오후, 저녁 등의 앞에
(④　　　　　)	시간 앞에
(⑤　　　　　)	요일 및 특정 날짜 앞에

UNIT 12
Where로 묻고 장소 전치사로 답하기

공부한 날 :   복습한 날 :   부모님 확인 :

의문사 중에서 '어디'라는 뜻의 Where로 질문하고 장소 전치사를 이용해 답하는 표현을
배워 봐요.

Where + be동사 + 주어 ~ ? where 의문문에 쓰인 be동사는 '~에 있다'라는 뜻이에요.

Where + do/does/did + 주어 + 동사원형 ~ ?

---

where 의문문도 when 의문문처럼 앞의 「주어 + 동사」를 생략하고 대답해 줄 수 있어요.
그럼 장소 전치사에 대한 표를 보고 그 의미를 확인해 보도록 해요.

It's on the table. ⊙ On the table. ⊙    둘 다 가능해!

전치사	의미	전치사	의미
under	~ 아래에	on	~ 위에
next to	~의 옆에	between	~의 사이에
behind	~의 뒤에	to	~로
in	~에, ~ 안에	at	~에서

시간 전치사와 마찬가지로 시험에 잘 나오니 꼭 기억하세요.

연습문제 | 문제를 풀고 녹음 파일을 따라 읽고 연습하세요. 🎧 MP3 5권 본문 UNIT 12
정답 및 해석 p. 111

Step 1 질문에 대한 답으로 알맞은 것을 [보기]에서 골라 쓰세요.

> [보기] **In Busan.**   **At the department store.**
>
> **Under the desk.**   **Next to the post office.**
>
> ~~**At the city hall.**~~
> 시청

01 Where is the concert held?   ⇨ At the city hall.

02 Where is my bag?   ⇨ _____

03 Where were you born?   ⇨ _____

04 Where did you buy your watch? ⇨ _____
손목시계

05 Where is the market?   ⇨ _____

Step 2 단어들을 순서에 맞게 배열하여 문장을 완성하세요.

01 (she / does / Where / live)?   ⇨ Where does she live?

02 (the park / next to / lives / She). ⇨ _____

03 (did / your car / Where / park / you)?   ⇨ _____

04 (the store / I / behind / parked / it).   ⇨ _____

05 (are / the balls / Where)?   ⇨ _____

06 (are / in / They / the basket).   ⇨ _____

07 (were / yesterday / Where / you)?   ⇨ _____

08 (the library / was / at / I).   ⇨ _____

09 (did / Where / Jane / you / meet)?   ⇨ _____

10 (I / her / the / met / restaurant / in).   ⇨ _____

Step 3   대답에 알맞은 질문이 되도록 빈칸에 적절한 말을 쓰세요.

01 A: Where is _____Tony_____?

  B: Tony is in the living room.
           거실

02 A: Where is _____?

  B: The bank is next to the fire station.

03 A: Where do _____?

  B: I want to go to the zoo.

04 A: Where does _____?

  B: Jenny comes from Spain.
        come from ~ 출신이다

05 A: Where are _____?

  B: I'm going to the police station.
              경찰서

06 A: Where did _____?

  B: She went to Seoul.

Step 4 우리말 해석과 같도록 괄호 안의 말을 이용하여 문장을 쓰세요.

01 지우개 어디에 놓아 뒀니? (the eraser)

⇨ *Where did you put the eraser?*

02 TV는 어디에 있니? (the TV)

⇨ _____

03 Mary는 어제 어디에 있었니? (yesterday)

⇨ _____

04 지우개는 책상 위에 있다. (the eraser / the desk)

⇨ _____

05 공은 방 안에 있다. (the ball / the room)

⇨ _____

06 시계는 벽에 걸려 있다. (the clock / hangs / the wall)

⇨ _____

07 병원은 학교 뒤에 있다. (the hospital / the school)

⇨ _____

중학교 내신 시험에 꼭 나오는 문법 요점 정리 | Where로 묻고 장소 전치사로 답하기

● Where 의문문

• Where + (① _____) + 주어 ~?

• Where + do/does/did + 주어 + (② _____) ~?

• Where 의문문의 대답: 「주어 + 동사」를 생략하고 「(③ _____) + 장소」로 가능

   A: Where is the dish?

   B: It's on the desk. / (④ _____) the desk.

① be동사 ② 동사원형 ③ It's[It is] ④ On

UNIT 12 / Where로 묻고 장소 전치사로 답하기 **57**

UNIT 13
접속부사와 접속사 as

공부한 날 :   복습한 날 :   부모님 확인 :

however, therefore, for example의 공통점은 무엇일까요? 바로 접속사는 아니지만 두 문장을 연결하는 역할을 한다는 것이에요.

However는 왼쪽 그림에서처럼 '하지만, 그러나'의 뜻을 가지고 있어요. therefore는 오른쪽 그림에서처럼 '그러므로'라는 의미로 쓰입니다. 대개는 이 therefore 앞의 문장이 therefore 뒤에 나오는 문장의 이유가 된답니다.

For example은 어떤 의미일까요?
그림에서 알 수 있듯이, '예를 들면'이라는 뜻을 가지고 있답니다. 그래서 for example 뒤에는 예시들을 열거합니다.

여기서 잠깐! however, therefore, for example이 and, or처럼 두 문장을 하나의 문장으로 이어 주지는 못하는 것이 보이나요? 이처럼 접속사 역할을 하지만 접속사가 아닌 however, therefore, for example을 영어에서는 접속부사라고 합니다.

마지막으로 접속사 as를 알아볼까요? as는 여러 가지 의미로 쓰인답니다. 그 중 대표적인 네 가지를 그림을 통해서 알아보아요.

①

She listens to music as she studies.

그녀는 공부하면서 음악을 들어.

②

He does as I do.

그는 내가 하는 대로 한다.

③

As he fell down, he was in the hospital.

그는 넘어졌기 때문에 병원에 있었다.

④

As time goes by, we get older.

시간이 지날수록 우리는 더 나이를 먹게 된다.

as의 의미는 순서대로 ① '~하면서' ② '~대로, ~처럼' ③ '~때문에' ④ '~할수록, ~함에 따라'입니다. 무작정 의미를 외우는 것보다 기본적인 뜻을 기억해 두고 여러 문장을 보면서 문맥에 따라 자연스러운 의미를 생각해 보면 됩니다. 시험에 자주 나오는 접속사이니 꼭 알아두세요!

연습문제 | 문제를 풀고 녹음 파일을 따라 읽고 연습하세요. 🎧 MP3 5권 본문 UNIT 13
정답 및 해석 p. 111

초777_5_p13

Step 1 빈칸에 들어갈 알맞은 말을 [보기]에서 골라 쓰세요.

[보기] **however   therefore   as   for example**

01 I am hungry. ___Therefore___, I will eat lunch.

02 It wasn't easy. _____, I did it.

03 We have things to do. _____, we have to clean the room.
　　　　　　　　　　　　　것, 일

04 It is getting colder _____ it gets dark.
　　　　　　~하게 되다　　　　　　　　　　　　　어두운

05 Mary is tired. _____, she should take a rest.

06 He drives the car _____ he sings a song.

07 He felt sad. _____, he tried to look happy.

08 _____ he was in the hospital, he couldn't come to school.

09 She was very ill. _____, she finished her homework.

10 He put the boxes away _____ I said.
put away ~을 치워버리다

11 My hands are dirty. _____, I have to wash my hands.

12 I have many shirts. _____, I have black, white and yellow shirts.

13 We don't have enough money. _____, we can't buy a nice car.
충분한

14 _____ I was reading a book, I heard something noisy.
시끄러운, 소란스러운

Step 2 밑줄 친 부분 대신 들어갈 알맞은 말을 [보기]에서 골라 빈칸에 쓰세요.

> [보기] **because**   **for example**   **as**   **however**   **therefore**

01 I am sleepy. As I must sleep. ⇨ Therefore,

02 He wrote that book. Therefore, he doesn't know it well. ⇨ _____

03 She got angry for example her children didn't listen to her. ⇨ _____

04 I like every toy. However, I like yo-yos. ⇨ _____
요요 장난감

05 You look very sick. However, go to see a doctor. ⇨ _____

06 She flies the kite however her father taught her. ⇨ _____
연

07 I am tired. Therefore, I should study for the test. ⇨ _____

08 I was late for the work. <u>As</u> I took a taxi. ➩ _____ ,

take a taxi 택시를 타다

09 I go to church every morning. <u>For example</u>, it's boring. ➩ _____

10 We called the police officer <u>therefore</u> we got stolen. ➩ _____

11 They were watching TV <u>therefore</u> I entered the room. ➩ _____

들어가다

12 <u>For example</u> the spring comes, the sky becomes blue. ➩ _____

UNIT
13

Step 3 밑줄 친 접속사에 유의하여 문장을 우리말로 해석하세요.

01 He drives a truck <u>as</u> he listens to the music.

➩ 그는 음악을 들으면서 트럭을 운전한다.

02 Love is the best gift. <u>Therefore</u>, we should love <u>each other</u>.

가장 좋은 선물 서로

➩ _____

03 You can make sandwiches <u>as</u> you like.

➩ _____

04 <u>As</u> I have a lot of friends, I will have a big birthday party.

➩ _____

05 We need healthy foods. <u>For example</u>, we should eat a lot of vegetables.

➩ _____

중학교 내신 시험에 꼭 나오는 문법 요점 정리 | 접속부사와 접속사 as

● 접속부사와 접속사 as

however	(①)
(②)	그러므로
for example	(③)
(④)	~하면서, ~대로, ~때문에, ~할수록

① 그러나[하지만] ② therefore ③ 예를 들어 ④ as

UNIT 13 / 접속부사와 접속사 as **61**

UNIT 14
전치사 마무리하기

공부한 날 :   복습한 날 :   부모님 확인 :

지금까지 배운 전치사들에는 크게 무엇이 있었죠?
네, 시간 전치사, 장소 전치사와 방향 전치사가 있었어요. 이 외에도 기타 전치사를 배웠습니다. 이번 unit에서는 전치사에 대해 좀 더 자세히 알아볼 거예요. 먼저, **시간**을 나타내는 전치사부터 살펴볼까요?

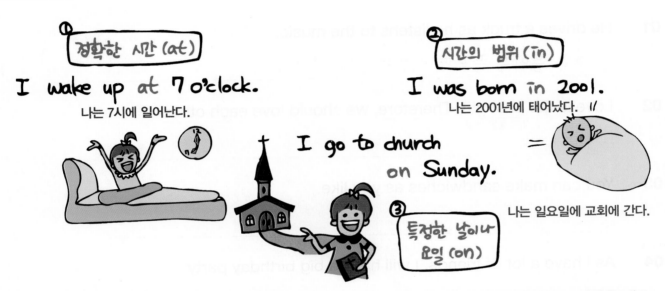

① 정확한 시간 (at)
I wake up at 7 o'clock.
나는 7시에 일어난다.

② 시간의 범위 (in)
I was born in 2001.
나는 2001년에 태어났다.

I go to church on Sunday.
나는 일요일에 교회에 간다.

③ 특정한 날이나 요일 (on)

시간 전치사는 시간을 나타내는 명사 앞에 쓰여 시간을 좀 더 정확하게 나타내도록 돕는 역할을 해요. 그림에서 볼 수 있듯이, 정확한 시간을 나타낼 때는 at, 시간의 범위가 있을 때는 in, 요일이나 특정한 날을 나타낼 때는 on을 쓴답니다. 그 외의 다양한 시간 전치사는 다음 표를 통해 알아보도록 해요.

시간 전치사		
after	~ 후에	I go to sleep **after** dinner. 나는 저녁 식사 후에 자러 간다.
before	~ 전에	He reads a book **before** lunch. 그는 점심 식사 전에 책을 읽는다.
from	~부터	I slept **from** 10 p.m. to 7 a.m. 나는 밤 10시부터 아침 7시까지 잤다.
since	~ 이래로 (~부터)	I have learned English **since** last year. 나는 작년부터 영어를 배우고 있다.
until	~까지 (동작의 계속)	I did my homework **until** 8 o'clock. 나는 8시까지 숙제를 했다.
by	~까지 (동작의 완료)	I should finish my homework **by** 8 o'clock. 나는 8시까지 숙제를 끝내야 한다.

| for | ~동안
(숫자 앞) | I will visit my grandma's **for** two weeks.
나는 2주 동안 할머니 댁을 방문할 것이다. |
| during | ~동안
(특정 기간 앞) | I went to France **during** summer vacation.
나는 여름방학 동안에 프랑스에 갔다. |

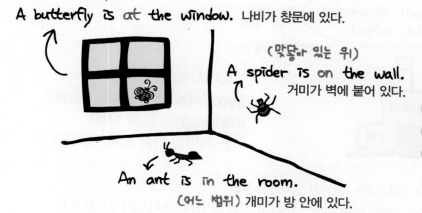

이번에는 **장소**를 나타내는 전치사 중에서도 '~에'를 나타내는 전치사부터 배워볼까요? '~에'를 나타내는 전치사로는 정확한 위치를 나타내는 at, 어느 범위를 나타내는 in, 그리고 맞닿아 있는 위를 나타내는 on이 있답니다. 그 외의 장소 전치사는 다음 표를 보세요.

UNIT 14

장소 전치사				
~ 안에	in		~ 앞에	in front of
~ 위에	on(맞닿은 바로 위), above(공중으로 위)		~ 뒤에	behind
~ 아래에	under, beneath(바로 아래)		~ 옆에	beside, next to, by
~ 사이에	between(둘 사이에), among(셋 이상의 사이에)				

이번에는 **방향**을 나타내는 전치사입니다. 그림을 보면서 전치사들을 살펴 봅시다.

이것들 외에 또 어떤 방향 전치사가 있을까요? 그림을 보며 알아 보아요.

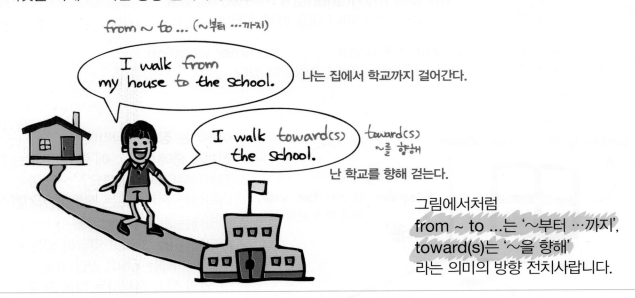

from ~ to ... (~부터 ...까지)

I walk from my house to the school. 나는 집에서 학교까지 걸어간다.

I walk toward(s) the school. toward(s) ~을 향해

난 학교를 향해 걷는다.

그림에서처럼
from ~ to ...는 '~부터 ...까지',
toward(s)는 '~을 향해'
라는 의미의 방향 전치사랍니다.

마지막으로 시간, 장소, 방향 외의 기타 전치사에 대하여 알아봅시다.
기타 전치사에는 그림과 같이 with, by, like, without, about처럼 다양한 전치사가 있답니다.

도구 (with)
~을 가지고

I write a letter with a pencil.

나는 연필로 편지를 쓴다.

교통수단 (by)
~을 타고

He goes to church by car.

그는 차를 타고 교회에 간다.

일반적인 수단 (by)
~에 의해

The book was written by A.

그 책은 A에 의해 쓰여졌다.

like
(~처럼/~같이)

I want to be a scientist like my dad.

나는 우리 아빠처럼 과학자가 되고 싶다.

without
(~ 없이)

He can't see without his glasses.

그는 안경 없이 볼 수가 없다.

about
(~에 대해)

I will tell you about my dog.

내 개에 대해 말해 줄게.

참고로, '~을 타고'는 「by + 교통수단」이라고 했죠? 하지만 걸어갈 때는 on foot을 쓴다는 사실, 잊지 마세요!

 **연습문제** | 문제를 풀고 녹음 파일을 따라 읽고 연습하세요. 🎧 **MP3** 5권 본문 UNIT 14
정답 및 해석 p. 111

Step 1   우리말 해석과 같도록 빈칸에 알맞은 전치사를 쓰세요.

01   I wake up _____at_____ 8 a.m. 나는 아침 8시에 일어난다.

02   He was born _____ 1990. 그는 1990년에 태어났다.

03   I go fishing _____ Friday. 나는 금요일에 낚시를 간다.

04   The cup is _____ the table. 컵이 탁자 위에 있다.

05   There was a spider _____ the wall. 벽에 거미가 있었다.
　　　　　　　　　　거미

06   I found a ball _____ my room. 나는 내 방에서 공을 찾았다.

07   We have to pass _____ the tunnel. 우리는 그 터널을 통과해서 가야 한다.
　　　　　　　　　　　　　　터널

08   I cleaned the room _____ my broom. 나는 빗자루로 방을 청소했다.
　　　　　　　　　　　　　　　　　빗자루

09   I want to be a singer _____ her. 나는 그녀처럼 가수가 되고 싶다.

10   I can't read a book _____ my glasses. 나는 안경이 없이는 책을 읽을 수 없다.

Step 2   문장의 <u>틀린</u> 부분을 찾아 바르게 고쳐 쓰세요.

01   I will tell you with my cat. My cat is cute.

　　　_____with → about_____

02   I can't brush my teeth at this toothbrush.
　　　　　　　　　　　　　　　　칫솔
　　　_____

03   He looks with a doll. He looks the same as the doll.
　　　_____

04 I go to school in 9 a.m.

_____

05 Mr. K was born on 1990.

_____

06 She throws a party at Sunday.
throw a party 파티를 열다

_____

07 I saw an ant in the wall.

_____

08 You should do it with my help. I cannot help you.

_____

09 There is a fly on the room.

_____

10 I'll tell my mom in my grades. She needs to know.

_____

Step 3 괄호 안에서 알맞은 단어에 ○표 하세요.

01 We are walking ((down) / through) the mountain.

02 He drove (with / toward) the north.
북쪽

03 I will go (to / along) Canada.

04 I travelled (from / since) Seoul to Jeju Island.

05 She put the purse (into / at) her bag.

06 There is a bookstore (for / around) the corner.
모퉁이, 코너

중학교 내신 시험에 꼭 나오는 문법 요점 정리 | 전치사 마무리하기

● 시간을 나타내는 전치사

at	정확한 시간을 나타낼 때
in	시간의 범위가 있을 때
on	특정한 날, 요일을 나타낼 때

시간 전치사			
～ 후에	after	～까지(동작이 계속됨)	(①)
～ 전에	before	～까지(동작이 완료됨)	(②)
～부터	(③)	～동안(숫자 앞)	(④)
～ 이래로	(⑤)	～동안(특정 기간 앞)	(⑥)

● 장소를 나타내는 전치사

at	정확한 위치를 나타낼 때
in	공간의 범위가 있을 때
on	맞닿아 있는 위를 나타낼 때

장소 전치사			
～ 안에	in	～ 위에(공중으로)	(⑦)
～ 위에(닿았을 때)	on	～ 아래에	under
～ 아래에(닿았을 때)	beneath	～ 뒤에	(⑧)
～ 앞에	(⑨)	～사이에(셋 이상)	among
～ 옆에	beside	next to	by
～ 사이에(둘)	(⑩)		

● 방향을 나타내는 전치사

～ 아래로	down	～ 위로	up
～ 안으로	into	～ 밖으로	(⑪)
～을 따라서	(⑫)	～을 건너서	across
～ 쪽으로	to	～을 돌아서	(⑬)
～부터 …까지	(⑭)	～을 향해서	toward(s)

● 기타 전치사

～을 가지고 (도구)	with	～를 타고 (교통수단)	(⑮)
～에 의해 (일반적인 수단)	by	～처럼, ～ 같이	(⑯)
～없이	(⑰)	～에 대하여	about

① until ② by ③ from ④ for ⑤ since ⑥ during ⑦ above ⑧ behind ⑨ in front of ⑩ between ⑪ out of ⑫ along ⑬ around ⑭ from ～ to … ⑮ by ⑯ like ⑰ without

UNIT 14

UNIT 15
명령문과 and / or

공부한 날 :　　　　　복습한 날 :　　　　　부모님 확인 :

명령문을 어떻게 만드는지 기억나세요?
바로 주어를 없애고 동사부터 말하는 거였지요.
명령문 만드는 방법을 표를 보며 한번 되짚어 볼까요?

명령문 만들기		
be동사 명령문	Be + 형용사 ~.	Be quiet. 조용히 해.
일반동사 명령문	일반동사 원형 ~.	Study hard. 열심히 공부해라.
부정 명령문	Don't + 동사원형 ~.	Don't make a noise. 떠들지 말아라.

이 명령을 좀 더 강하게 말하는 방법에는 무엇이 있을까요? 크게 말하기? 단호하게 말하기?

Study hard,
열심히 공부해라,

you will get a high score.
높은 점수를 받을 거야.

you will get a poor score.
나쁜 점수를 받을 거야.

위의 그림에 Study hard.라는 명령문이 나왔어요.
명령문 뒤의 and와 or는 명령문과 뒤의 문장을 이어주는 접속사 역할을 한답니다.
그렇다면 이때 and와 or는 각각 어떤 의미를 가지고 있을까요?
다음 그림을 보면서 확인해 봐요.

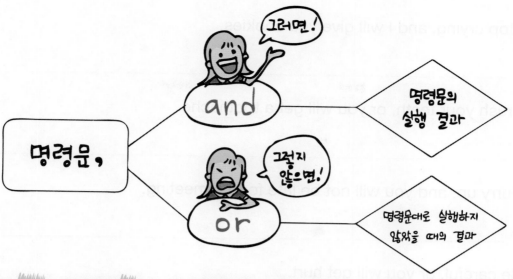

명령문 뒤의 and는 '그러면', or는 '그렇지 않으면'이라는 의미를 가진답니다. 그 뒤의 평서문은 각각 명령문을 실행했을 때와 실행하지 않았을 때의 결과를 나타내고요.
아래의 예문을 살펴보며 그 개념을 정확히 이해해 보아요.

Take a taxi now, and you will catch the train.

지금 택시를 타라, 그러면 너는 그 기차를 잡을 것이다.

Have breakfast, and you will be healthier.

아침을 먹어라, 그러면 너는 더 건강해질 것이다.

Be quiet, or your father will wake up.

조용히 해라, 그렇지 않으면 너의 아버지가 일어나실 거야.

Don't be late for school again, or you will bring your mom.

학교에 다시는 늦지 마라, 그렇지 않으면 너는 네 엄마를 모시고 오게 될 거야.

아 참! 명령문 뒤에 and나 or를 붙일 때는 명령문 뒤에 쉼표(,)를 쓰는 것, 잊지 마세요!

연습문제

문제를 풀고 녹음 파일을 따라 읽고 연습하세요. 🎧 MP3 5권 본문 UNIT 15
정답 및 해설 p. 112

초777_5_p15

Step 1 and 또는 or에 유의하여 문장을 우리말로 해석하세요.

01 Eat lunch, or you will be hungry.

⇨ 점심을 먹어라, 그렇지 않으면 너는 배가 고플 것이다.

02 Read her the book, and she will be quiet.
~에게 …을 읽어 주다

⇨ _____

03 Clean your room, or you can't take a rest.

⇨ _____

04 Stop crying, and I will give you cookies.

⇨ _____

05 Brush your teeth, or you will get a toothache.
치통

⇨ _____

06 Hurry up, and you will not be late for the meeting.

⇨ _____

07 Be careful, or you will get hurt.
다치게 하다

⇨ _____

08 Wash your hands, or I will not give you sandwiches.

⇨ _____

09 Close the window, and you will be warmer.

⇨ _____

10 Don't come here, or you will see a terrible thing.
끔찍한

⇨ _____

11 Wear a helmet, and you can protect yourself.
헬멧   보호하다   네 자신

⇨ _____

12 Turn off the cellphone, or you can't study in class.

⇨ _____

13 Eat this carrot, and you can have healthy eyes.

⇨ _____

14 Wake up right now, or you will be late.
지금 당장

⇨ _____

15 Fix the washing machine, or you will wear dirty clothes.
세탁기

⇨ _____

Step 2 빈칸에 and, or 중 문맥상 맞는 것을 쓰세요.

01 Study hard, _____or_____ you will fail the exam.
실패하다, 낙방하다

02 Tell me the truth, _____ you will be a good boy.

03 Use the computer, _____ the work will become easier.

04 Do your homework, _____ I will give you extra homework.
추가의, 여분의

05 Go to see a doctor, _____ you will be fine.

06 Practice a lot, _____ you will be better.
연습하다, 훈련하다

07 Go to sleep, _____ you will be tired tomorrow.

08 Eat some soup, _____ you will be hungry.

09 Turn on the lights, _____ you will not be scared.
두려워하다

10 Try this sandwich, _____ you will be happy.

11 Don't trust strangers, _____ you will be safe.
믿다 이방인, 낯선 사람   안전한

12 Say only good things, _____ you will feel happy.

13 Don't break the rules, _____ everyone can live in harmony.
어기다   규칙   조화를 이루어

14 Don't make a noise, _____ you will wake up the baby.

중학교 내신 시험에 꼭 나오는 문법 요점 정리 | 명령문과 and / or

● 명령문 만들기 복습

be동사 명령문	Be + (①) ~.
일반동사 명령문	(②) ~.
부정 명령문	(③) + 동사원형 ~.

● 명령문에서 and와 or의 뜻
  · and: (④   )
  · or: (⑤   )
  · and와 or 앞에는 반드시 (⑥   )를 붙임

① 형용사 ② 동사원형 ③ Don't ④ 그러면 ⑤ 그렇지 않으면 ⑥ 쉼표(,)

UNIT 11~15
진단평가 및 교내평가 대비 실전테스트

공부한 날 :　　　복습한 날 :　　　부모님 확인 :

UNIT 11 When으로 묻고 시간 전치사로 답하기 UNIT 12 Where로 묻고 장소 전치사로 답하기 UNIT 13 접속부사와 접속사 as UNIT 14 전치사 마무리하기
UNIT 15 명령문과 and / or

01
다음 [보기]의 단어 앞에 쓸 수 있는 전치사를 고르세요.

[보기] Wednesday

① on　　　　② at
③ in　　　　④ into

02
다음 표의 빈칸에 [보기]의 단어를 알맞게 분류해서 쓰세요.

[보기] and, at, to, or, without

접속사	전치사

03
다음 그림을 보고, 빈칸에 알맞은 말을 쓰세요.

Hurry up, _____ you will be late for school.

04
다음 중 전치사와 명사의 연결이 알맞지 <u>않은</u> 것을 고르세요.

	전치사	명사
①	on	Friday
②	in	1990
③	at	2001
④	at	9 p.m.

[05~07] 다음 그림과 일치하도록 대화의 빈칸에 알맞은 말을 쓰세요.

05

A: _____ did they play basketball?
B: _____ 5 p.m.

06

A: _____ is my ball?
B: It's _____ the desk.

07

A: _____ is my bag?
B: It's _____ you!
A: Oh! I see.

08

문장이 완성되도록 관계 있는 것끼리 연결하세요.

(1) I go to there on •   • ⓐ 2001.
(2) We will meet at •   • ⓑ 7 o'clock.
(3) He was born in •   • ⓒ Monday.

09

다음 중 올바른 문장을 두 개 고르세요.

① Go to sleep, or you will be tired.
② Go to sleep, because of you will be tired.
③ It's between my legs.
④ I came to school on 7 a.m.

[10~11] 빈칸에 공통으로 들어갈 알맞은 단어를 쓰세요.

10 _____

• Sam was born _____ 1990.
• His birthday is _____ March.

11 _____

• Hurry up, _____ you will get there on time.
• Wake up, _____ you can eat breakfast.

12

다음 문장의 빈칸에 알맞은 접속부사를 쓰세요.

(1) I am very happy. _____,
    I will throw a party!
(2) We can do many things here.
    _____, we can read a book.

[13~14] 다음 글자들을 배열하여 전치사를 만들고 그 뜻을 쓰세요.

13 a   u   o   d   r   n

전치사 :
뜻 :

14

b		d		n
	h		e		i

전치사 :
뜻 :

[15~18] 다음 그림을 보고, 빈칸에 알맞은 전치사를 쓰세요.

15

He goes to school _____ bus.

16

She can't find her glasses. They are
_____ the desk.

17

I will read a book _____ 9 p.m.

18

I played the piano _____ Monday.

19

다음 중 시간 전치사로 답할 수 있는 질문을 고르세요.

① Where is my bike?
② When is your birthday?
③ Where are you?
④ How have you been?

20

다음 빈칸에 들어갈 말이 [보기]의 밑줄 친 접속사와 같은 문장을 고르세요.

[보기] Brush your teeth, or you will
have a toothache.

① Go to sleep, _____ you will be tired.
② Hurry up, _____ you will catch the bus.
③ Do your homework, _____ you can
sleep.
④ Be polite, _____ you will get a present.

[21~25] 우리말과 해석이 같도록 빈칸에 알맞은 말을 [보기]에서 골라 쓰세요.

[보기] where, at, on, between, when

21

Let's meet _____ 5 p.m.
(오후 5시에 만나자.)

22

The vacation starts _____ Friday.
(방학은 금요일에 시작한다.)

23

The bank is _____ the school and the post office.
(은행은 학교와 우체국 사이에 있다.)

24

_____ is my phone?
(내 전화기는 어디에 있어?)

25

_____ do you go there?
(넌 거기 언제 가니?)

26

다음 그림을 보고, 빈칸에 들어갈 알맞은 말을 [보기]에서 골라 쓰세요.

[보기]   where   what   through   around

A: _____ is my dog?

B: She is running _____ the tree.

[27~28] 다음 문장에서 틀린 부분을 찾아 바르게 고쳐 문장을 다시 쓰세요.

27

I can't read a book therefore

my glasses.

28

This book was written as a

famous movie star.

[29~30] 다음 단어들을 순서에 맞게 배열하여 문장을 완성하세요.

29

(Close / or / you / a cold / the door / , / catch / will).

⇨ _____

30

(Christmas / in / December / is).

⇨ _____

UNIT 01~15 총괄평가 1회

공부한 날 :   복습한 날 :   부모님 확인 :

01

다음 [보기]의 문장과 같은 형식의 문장 두 개를 고르세요.

[보기] You look lovely.

① He was a dentist.
② It tastes sour.
③ We wrote a letter.
④ They got the new jobs.

[02-03]

다음 빈칸에 들어갈 알맞은 전치사를 쓰세요.

02

The teacher showed us a video.
= The teacher showed a video _____ us.

03

The nurse got me some medicine.
= The nurse got some medicine _____ me.

[04-05]

다음 중 동사와 과거분사의 형태가 올바르게 짝지어진 것을 고르세요.

04

① fall – fell   ② ride – riden
③ ring – rung   ④ work – worken

05

① become – become
② make – make
③ eat – aten
④ see – sawn

06

다음 밑줄 친 부분이 현재분사가 아닌 것을 고르세요.

① She is <u>staying</u> in her room.
② They are <u>preparing</u> for the test.
③ <u>Eating</u> breakfast is very important.
④ We are <u>hoping</u> to see you.

07

우리말 해석과 같도록 빈칸에 알맞은 단어를 쓰세요.

> The accident _____ serious.
> 그 사고는 심각해 보였다.

[08-10]

다음 문장을 [보기]와 같이 바꿔 쓰세요.

> [보기] She kicked the tree.
> → The tree was kicked by her.

08

They filled the bottle.

→ _____

09

Susan found the notebooks.

→ _____

10

He changes the light bulb.

→ _____

11

다음 문장이 몇 형식 문장인지 쓰세요.

> She makes the kids laugh.

→ _____ 형식 문장

12

다음 중 틀린 문장을 고르세요.

① Kate saw the bird fly.
② Mr. Lee sent a gift me.
③ I go to school every day.
④ I had dinner with my friend.

13

다음 빈칸 (A)와 (B)에 들어갈 단어가 바르게 짝 지어진 것을 고르세요.

> A: Umm, something smells ___(A)___!
> B: I'm cooking some cookies ___(B)___ your grandmother.
> Can you bring them to your grandmother later?
> A: No problem.

	(A)	(B)
①	nice	to
②	nice	for
③	nicely	to
④	nicely	for

[14-15]

그림의 상황과 일치하도록 빈칸에 들어갈 가장 알맞은 말을 고르세요.

14

She became _____ .

① angry ② angrily ③ shy ④ shyly

15

The medicine made him _____ .

① sleepy ② sleepily ③ strong ④ strongly

16

다음 빈칸에 공통으로 들어갈 접속부사를 쓰세요.

- When you're playing with friends, you can play different games. _____ , you can play tag, where you run and try to catch each other.
- Think about your favorite animals. _____ , a lion is big and roars loudly, while a bunny is small and hops around quietly.

17

부가의문문이 되도록 빈칸에 들어갈 말을 쓰세요.

A: I don't understand this story.
B: You didn't read it carefully, _____ ?

18

다음 빈칸에 들어갈 수 있는 단어가 나머지와 다른 하나를 고르세요.

① I put the glasses _____ the table.
② We will go shopping _____ the weekend.
③ She was born _____ August.
④ They met _____ Thursday.

19

다음 빈칸에 들어갈 알맞은 전치사를 고르세요.

Junho asked her a question.
= Junho asked a question _____ her.

① to ② for ③ about ④ of

20

다음 대화의 빈칸에 알맞은 단어를 고르세요.

A: _____ were you last night?
B: At home.

① When ② Why
③ Who ④ Where

21

다음 중 어법상 **틀린** 문장을 고르세요.

① My lips turned blue.

② I get nervous before the exam.

③ She became the best actress.

④ Your food tastes badly.

22

다음 문장들 중 4형식 문장 **두 개**를 고르세요.

① She sent them letters.

② I told my problems to the teacher.

③ The cook made us the pizza.

④ My uncle bought a pencil for me.

[23-24]

다음 밑줄 친 부분의 쓰임이 **어색한** 것을 고르세요.

23

① The book <u>is written by</u> her.

② <u>Was this car bought by</u> him?

③ The glass <u>is broken not by</u> him.

④ <u>Are the dogs fed by</u> him?

24

① I was excited by her <u>interested</u> idea.

② She looked at the <u>broken</u> window.

③ His <u>boring</u> class made me sleep.

④ The street is filled with <u>fallen</u> leaves.

[25-26]

다음 문장을 밑줄 친 부분에 유의하여 우리말로 해석하세요.

25

Take a taxi, <u>and</u> you will not be late.

→ _____

26

Say sorry, <u>or</u> I will never see you again.

→ _____

27

다음 밑줄 친 부분이 **틀린** 문장을 고르세요.

① You work at the hospital, <u>do you</u>?

② He was in the kitchen, <u>wasn't he</u>?

③ She is not kind, <u>is she</u>?

④ We won't go to the zoo, <u>will we</u>?

[28-30]

다음 대화의 빈칸에 알맞은 단어를 쓰세요.

28

A: Why did you talk to her?

B: _____ I want to be her
  friend.

29

A: _____ do you keep the
  letters?

B: In my drawer.

30

A: _____ do you go to bed?

B: After I take a shower.

31

다음 문장의 빈칸에 들어갈 말을 순서대로 짝지
은 것을 고르세요.

· We apologized to her. _____,
  she didn't listen to us.
· He bought the book _____
  she told.

① For example   —   as
② However   —   so
③ However   —   as
④ Therefore   —   so

[32-35]

다음 빈칸에 들어갈 알맞은 전치사를 [보기]에서
골라 쓰세요.

[보기] along, between, on, like

32

The Han River flows _____ Seoul.

33

We go to school _____ foot.

34

She is a really good dancer _____
Beyonce.

35

My school is _____ the bank and
the supermarket.

[36-38]

다음 그림을 보고, 괄호 안에서 알맞은 전치사를
골라 ○표 하세요.

36

There is a cat (in front of / on) the
bench.

37

A boy is hiding (above / behind) the
tree.

38

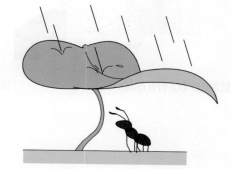

An ant is (under / at) a leaf.

[39-40]

다음 문장에서 <u>틀린</u> 곳을 찾아 바르게 고치세요.

39

Where I was a baby, I slept 12 hours
a day.

_____ → _____

40

I ran into my room therefore I was shy.

_____ → _____

맞은 개수

      / 40

UNIT 01~15 총괄평가 2회

공부한 날 :   복습한 날 :   부모님 확인 :

01

다음 중 문장 형식이 <u>다른</u> 하나를 고르세요.

① I go to school.

② It sounds funny.

③ I slept on the bed.

④ The bird sang beautifully.

02

다음 문장 중 목적어가 <u>없는</u> 문장을 고르세요.

① He collected shells.

② We listen to music.

③ They drew the giraffe.

④ Coffee tastes bitter.

03

다음 짝지어진 대화가 <u>어색한</u> 것을 고르세요.

① A: Did you like the cake?

B: I loved it. It tasted great!

② A: You missed the bus, didn't you?

B: Yes, I didn't miss the bus.

③ A: Are you interested in basketball?

B: No, I'm not. I'm interested in
soccer.

④ A: Where did you buy the skirt?

B: At the department store.

[04-06]

다음 그림을 보고, [보기]에서 알맞은 단어를 골라 빈칸을 채우세요.

[보기]   when, after, before

04

She exercises _____ she has breakfast.

05

He listens to music _____ he eats.

06

She cleans her room _____ she starts studying.

07

각 문장들의 문장 형식의 합을 구하세요.

> • She sings very well.
> • I buy him some tea.
> • They send the flower to my mom.

→ _____

[08-09]

다음 문장의 빈칸에 공통으로 들어갈 알맞은 단어를 고르세요.

08

> • Open the window, _____ I'll open it myself.
> • Watch your steps, _____ you'll fall down.

① but   ② and
③ so   ④ or

09

> • It was raining. _____, we went outside to play soccer.
> • She didn't eat all day. _____, she wasn't hungry.

① However   ② Therefore
③ As   ④ For example

[10-12]

다음 4형식 문장을 [보기]와 같이 3형식으로 바꾸세요.

> [보기]   He wrote her a love letter.
>   → He wrote a love letter to her.

10

She found us the map.

→ _____

11

They showed me their money.

→ _____

12

I want to ask you a favor.

→ _____

13

다음 중 어법상 알맞은 문장을 고르세요.

① The noodle smells greatly.

② She can play the guitar, can she?

③ You were not in Seoul yesterday, were you?

④ He teaches English for us.

14

다음 중 어법상 <u>틀린</u> 문장을 고르세요.

① Tom was interested in music.

② I read an exciting story at school.

③ He won first prize at the speaking contest.

④ They used English in write letters.

15

다음 밑줄 친 부분을 알맞게 고치세요.

The music made Jake <u>sleepily</u>.

→ _____

[16-18]

우리말 해석과 같도록 빈칸에 알맞은 전치사를 쓰세요.

16

We can be happy _____ a lot of money.
(우리는 많은 돈이 없어도 행복할 수 있다.)

17

I broke the wall _____ my hand.
(나는 내 손으로 벽을 부수었다.)

18

In Korea, it snows _____ December _____ February.
(한국에서는 12월부터 2월까지 눈이 내린다.)

19

다음 글을 읽고 각 괄호 안에서 알맞은 단어를 고르세요.

Susan is 10 years old. She has a puppy (calling / called) Loopy. She always feels (happy / happily) when she plays with Loopy.

① calling – happy

② called – happily

③ calling – happily

④ called – happy

20

다음 밑줄 친 부분의 뜻이 나머지와 <u>다른</u> 하나를 고르세요.

① I <u>like</u> your coat.

② You look <u>like</u> your aunt.

③ Do you <u>like</u> cats?

④ She doesn't <u>like</u> coffee.

[21-22]

다음 괄호 안의 단어를 활용하여 빈칸에 알맞은 말을 쓰세요.

21

> The wall _____ in green is pretty. (paint)

22

> This is a _____ book because it's not new. (use)

23

다음 중 보어가 없는 문장을 고르세요.

① She looked beautiful.
② I heard a cat cry at night.
③ You can call me Christina.
④ Mandy gave him a present.

24

다음 빈칸에 들어갈 단어가 나머지와 다른 하나를 고르세요.

① I put the dolls _____ the box.
② They went to Hawaii _____ 2003.
③ He goes skiing _____ winter.
④ They were in the school _____ 2:30.

[25-26]

다음 문장을 의문문으로 바꾸세요.

25

> This table is moved by my classmates.
>
> → _____

26

> The chairs were fixed by him.
>
> → _____

27

다음 밑줄 친 as의 쓰임이 [보기]와 같은 것을 고르세요.

> [보기] She is getting pretty as she grows up.

① Do as you think.
② Follow her as she does.
③ I feel happy as I see you.
④ As time went by, it got dark.

28

다음 (A), (B)에 들어갈 단어가 순서대로 알맞게 짝지어진 것을 고르세요.

> The music _____(A)_____ very _____(B)_____.

	(A)		(B)
①	sound	—	familiar
②	sounds	—	familiar
③	hears	—	familiarly
④	heard	—	familiarly

29

다음 문장이 몇 형식 문장인지 쓰세요.

We call him Spider-Man.

→ _____ 형식 문장

[30-31]

다음 단어를 바르게 배열하여 문장을 완성하세요.

30

> 그녀는 내일 우리 집에 올 거야, 그렇지 않니?
> (will / she / to my house / She / tomorrow / come / won't)?

→ _____

31

> 그들은 어젯밤에 싸우지 않았어, 그렇지?
> (fight / They / did / last night / didn't / they)?

→ _____

32

다음을 읽고, 어법상 <u>틀린</u> 문장을 고르세요.

Friday, December 29th
① It was my birthday. ② Mom gave me a nice T-shirt. ③ It was looking good on me. ④ I felt happy.

33

다음 빈칸에 들어갈 전치사가 순서대로 알맞게 짝지어진 것을 고르세요.

> • They ask a question _____ him.
> • Jenny cooks the chicken _____ the kids.

①	to	—	for
②	to	—	to
③	of	—	to
④	of	—	for

34

다음 밑줄 친 분사의 형태가 <u>틀린</u> 것을 고르세요.

① I played the guitar <u>made</u> in France.
② She is catching the <u>falling</u> snow.
③ There was a girl <u>naming</u> Sophie.
④ I saw a spider <u>coming</u> to me.

[35-36]

다음 대화의 빈칸에 알맞은 단어를 고르세요.

35

A: _____ are you still here?
B: Because of heavy snow.

① Who   ② How
③ Why   ④ Where

36

A: When did he come?
B: _____ Monday.

① On   ② In
③ At   ④ Under

37

다음 그림을 보고, 빈칸에 알맞은 말을 고르세요.

She is putting the glass _____ the dish.

① up   ② on
③ like   ④ next to

[38-40]

다음 괄호 안에서 알맞은 것에 ○표 하세요.

38

I didn't know about the exam (until / by) today.

39

Mothers carry their babies (for / during) 10 months.

40

We stopped the car (because / because of) the accident.

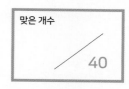

맞은 개수
___ / 40

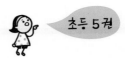

초등 5권

초777_5_w1

UNIT 01   🎧 MP3 5권 단어 UNIT 01

학습한 날 :

단어 연습장 공부법 1단계 | 들려주는 단어를 잘 듣고, 옆의 빈칸에 세 번씩 써 보세요.

Step 1	01	**playground** [pléigràund]	운동장	playground
Step 2	02	**plant** [plænt]	(나무를) 심다	
Step 3	03	**present** [préznt]	선물	
	04	**order** [ɔ́:rdər]	주문하다	
	05	**president** [prézidənt]	대통령	
Step 4	06	**watch** [watʃ]	손목시계	
	07	**theater** [θí(:)ətər]	극장	
	08	**shake** [ʃeik]	떨리다, 흔들리다	
	09	**cartoon** [kɑːrtúːn]	만화	
	10	**designer** [dizáinər]	디자이너	
	11	**call** [kɔːl]	~을 …라고 부르다	

단어 연습장 공부법 2단계 | 진단평가, 수행평가 대비에 꼭 필요한 단어 복습 빈칸 넣기 문제입니다.

01 pla___g___ound 운동장	05 p___esi___ent 대통령
02 p___an___ (나무를) 심다	06 w___tc___ 손목시계
03 pre___en___ 선물	07 th___a___er 극장
04 ___rde___ 주문하다	08 s___ak___ 떨리다, 흔들리다

09 ca___t___on 만화
10 d___sig___er 디자이너
11 ___al___ ～을 …라고 부르다

단어 연습장 공부법 3단계 | 단어를 다시 들으면서 큰 소리로 따라 읽어보세요.

UNIT 02 🎧 MP3 5권 단어 UNIT 02   학습한 날 :

단어 연습장 공부법 1단계 | 들려주는 단어를 잘 듣고, 옆의 빈칸에 세 번씩 써 보세요.

Step 1
01 **happily** [hǽpəli] 행복하게 — happily
02 **engineer** [èndʒiníər] 엔지니어, 기사
03 **sour** [sauər] 신, 시큼한
04 **rough** [rʌf] 거친
05 **delicious** [dilíʃəs] 맛있는
06 **interesting** [íntərəstiŋ] 흥미로운, 재미있는
07 **pale** [peil] 창백한

Step 2
08 **strange** [streindʒ] 이상한
09 **subject** [sʌ́bdʒikt] 과목

¹⁰ **difficult** [dífəkʌlt]	어려운	
¹¹ **clever** [klévər]	영리한	
Step 3 ¹² **hard** [hɑːrd]	열심히	
¹³ **quiet** [kwáiət]	조용한	

단어 연습장 공부법 2단계 | 진단평가, 수행평가 대비에 꼭 필요한 단어 복습 빈칸 넣기 문제입니다.

⁰¹ ___ap___ily	행복하게	⁰⁶ ___nter___sting	흥미로운, 재미있는	¹⁰ ___iffic___lt	어려운
⁰² ___ngi___eer	엔지니어, 기사			¹¹ ___le___er	영리한
⁰³ ___ou___	신, 시큼한	⁰⁷ ___ale	창백한	¹² ___ard	열심히
⁰⁴ ro___g___	거친	⁰⁸ ___tr___nge	이상한	¹³ ___uie___	조용한
⁰⁵ ___eli___ious	맛있는	⁰⁹ ___ubje___t	과목		

단어 연습장 공부법 3단계 | 단어를 다시 들으면서 큰 소리로 따라 읽어보세요.

UNIT 03   🎧 MP3 5권 단어 UNIT 03   학습한 날:

단어 연습장 공부법 1단계 | 들려주는 단어를 잘 듣고, 옆의 빈칸에 세 번씩 써 보세요.

Step 1 ⁰¹ **hat** [hæt]	모자	hat
⁰² **picture** [píktʃər]	사진, 그림	

03 pasta 파스타
[páːstə]

04 jeans 청바지
[dʒiːnz]

05 actor 배우
[ǽktər]

06 birthday card 생일 카드
[bə́ːrθdèi kaːrd]

Step 2 **07 story** 이야기
[stɔ́ːri]

08 pet 애완동물
[pet]

09 chance 기회
[tʃæns]

10 postcard 엽서
[póustkaːrd]

11 husband 남편
[hʌ́zbənd]

12 sunflower 해바라기
[sʌ́nflàuər]

Step 4 **13 science** 과학
[sáiəns]

14 only 오직
[óunli]

15 truth 진실
[truːθ]

16 favor 호의, 친절, 부탁
[féivər]

단어 듣고 따라 쓰기 연습

단어 연습장 공부법 2단계 | 진단평가, 수행평가 대비에 꼭 필요한 단어 복습 빈칸 넣기 문제입니다.

01 ___at	모자	07 stor___	이야기	13 ___ci___nce	과학
02 ___ic___ure	사진, 그림	08 ___et	애완동물	14 ___nly	오직
03 ___ast___	파스타	09 ___hanc___	기회	15 ___ruth	진실
04 ___eans	청바지	10 ___ost___ard	엽서	16 ___avor	호의, 친절, 부탁
05 ___ctor	배우	11 ___usb___nd	남편		
06 ___irthday ___ard	생일 카드	12 ___un___lower	해바라기		

단어 연습장 공부법 3단계 | 단어를 다시 들으면서 큰 소리로 따라 읽어보세요.

UNIT 04 🎧 MP3 5권 단어 UNIT 04

학습한 날 :

초777_5_w4

단어 연습장 공부법 1단계 | 들려주는 단어를 잘 듣고, 옆의 빈칸에 세 번씩 써 보세요.

Step 1

01 **album** [ǽlbəm]	사진첩, 앨범	album
02 **manager** [mǽnidʒər]	매니저, 관리자	
03 **advice** [ədváis]	조언, 충고	
04 **captain** [kǽptən]	선장, 우두머리	
05 **baseball cap** [béisbɔ̀ːl kæp]	야구 모자	
06 **full** [ful]	가득 찬	
07 **cry** [krai]	울다	
08 **at night** [æt nait]	밤에	

09 **wash the dishes** 설거지하다
[wɑʃ ðə diʃz]

10 **puppy** 강아지
[pʌ́pi]

11 **meal** 식사
[miːl]

Step 2 12 **wife** 아내, 부인
[waif]

13 **laugh** 웃다
[læf]

14 **loudly** 큰 소리로
[láudli]

15 **film** 영화
[film]

16 **festival** 축제
[féstəvəl]

17 **classical** 고전의
[klǽsikəl]

18 **popular** 인기 있는
[pɑ́pjələr]

Step 3 19 **package** 소포
[pǽkidʒ]

20 **French** 프랑스어
[frentʃ]

21 **draw** 그리다
[drɔː]

Step 4 22 **easily** 쉽게
[íːzəli]

23 **shout** 소리치다
[ʃaut]

24 **police officer** 경찰관
[pəlíːs ɔ́(ː)fisər]

25 cell phone 휴대전화
[sel foun]

단어 연습장 공부법 2단계 | 진단평가, 수행평가 대비에 꼭 필요한 단어 복습 빈칸 넣기 문제입니다.

01 ____lbu____ 사진첩, 앨범	10 ___u___py 강아지	20 ___ren___h 프랑스어
02 ma___age___ 매니저, 관리자	11 ___eal 식사	21 ___raw 그리다
03 a___v___ce 조언, 충고	12 ___if___ 아내, 부인	22 ___a___ily 쉽게
04 c___p___ain 선장, 우두머리	13 ___aug___ 웃다	23 ___ho___t 소리치다
05 baseball ___a___ 야구 모자	14 l___udl 큰 소리로	24 ___olice ___fficer
06 ful___ 가득 찬	15 f___l 영화	경찰관
07 ___ry 울다	16 f___sti___al 축제	25 ___ell ph___ne 휴대전화
08 ___t ni___ht 밤에	17 cl___ss___cal 고전의	
09 ___ash the ___ishes	18 p___p___lar 인기 있는	
설거지하다	19 ___ack___ge 소포	

단어 연습장 공부법 3단계 | 단어를 다시 들으면서 큰 소리로 따라 읽어보세요.

UNIT 05 🎧 MP3 5권 단어 UNIT 05   학습한 날 :

단어 연습장 공부법 1단계 | 들려주는 단어를 잘 듣고, 옆의 빈칸에 세 번씩 써 보세요.

Step 1 **01 swim** 수영하다
[swim]   swim

02 Spanish 스페인어
[spǽniʃ]

03 bookstore 서점
[búkstɔ̀:r]

04 will not ~하지 않을 것이다
[will nɑt]

Step 2 **05 go fishing** 낚시하러 가다
[gou fíʃiŋ]

06 fight 싸우다
[fait]

07 hate 싫어하다
[heit]

08 fat 뚱뚱한
[fæt]

09 pass 통과하다
[pæs]

10 exam 시험
[igzǽm]

11 strict 엄격한
[strikt]

Step 3 **12 purse** 지갑
[pəːrs]

13 Chinese 중국어
[tʃàiníːz]

14 exercise 운동하다
[éksərsàiz]

Step 4 **15 newspaper** 신문
[núːzpeipər]

16 close (상점 등의)
[klouz] 문을 닫다

단어 틀고 따라 쓰기 연습

단어 연습장 공부법 2단계 | 진단평가, 수행평가 대비에 꼭 필요한 단어 복습 빈칸 넣기 문제입니다.

01 ___wim	수영하다	06 ___ight	싸우다	12 ___u___se	지갑
02 ___panish	스페인어	07 ___at___	싫어하다	13 ___hi___ese	중국어
03 boo___st___re	서점	08 ___at	뚱뚱한	14 ex___rci___e	운동하다
04 ___ill n___t	~하지 않을 것이다	09 pa___s	통과하다	15 n___wsp___per	신문
05 ___o___ishing	낚시하러 가다	10 ___xa___	시험	16 c___os___	(상점 등의) 문을 닫다
		11 ___tri___t	엄격한		

단어 연습장 공부법 3단계 | 단어를 다시 들으면서 큰 소리로 따라 읽어보세요.

단어 연습장 공부법 1단계 | 들려주는 단어를 잘 듣고, 옆의 빈칸에 세 번씩 써 보세요.

Step 1	01 **plane** [plein]	비행기	plane
Step 2	02 **cross** [krɔ(:)s]	건너다, 횡단하다	
	03 **pick** [pik]	따다, 고르다	
Step 3	04 **dictionary** [díkʃənèri]	사전	
	05 **win first prize** [win fə:rst praiz]	1등하다	
	06 **contest** [kántest]	대회, 경연	
	07 **hour** [áuər]	시간	
	08 **art** [ɑːrt]	미술, 예술	

단어 연습장 공부법 2단계 | 진단평가, 수행평가 대비에 꼭 필요한 단어 복습 빈칸 넣기 문제입니다.

01 pl__n___	비행기	04 d__ctio__a__y	사전	06 c__n__e__t	대회, 경연
02 c_____ss	건너다, 횡단하다	05 w___n fir___t pr__ze		07 ___o__r	시간
03 p_____k	따다, 고르다		1등하다	08 ___r___	미술, 예술

단어 연습장 공부법 3단계 | 단어를 다시 들으면서 큰 소리로 따라 읽어보세요.

초777_5_w7

UNIT 07   🎧 MP3 5권 단어 UNIT 07

학습한 날 :

단어 연습장 공부법 1단계 | 들려주는 단어를 잘 듣고, 옆의 빈칸에 세 번씩 써 보세요.

Step 1

01 catch
[kætʃ]
잡다, 붙잡다
catch

02 serve
[səːrv]
제공하다, 서빙하다

03 waitress
[wéitris]
여자 종업원

04 temperature
[témpərətʃər]
온도

05 bridge
[bridʒ]
다리, 교각

Step 2

06 bike
[baik]
자전거

07 turn
[təːrn]
돌리다

08 invent
[invént]
발명하다

09 robot
[róubət]
로봇

10 collect
[kálekt]
수집하다

11 walk
[wɔːk]
산책시키다

Step 3

12 bite
[bait]
물다, 물어뜯다

13 museum
[mju(ː)zí(ː)əm]
박물관

14 snake
[sneik]
뱀

단어 듣고 따라 쓰기 연습

15 park 주차하다
[pɑːrk]

단어 연습장 공부법 2단계 | 진단평가, 수행평가 대비에 꼭 필요한 단어 복습 빈칸 넣기 문제입니다.

01	c__t__h	잡다, 붙잡다	06	bi__e	자전거	12	bi__e	물다, 물어뜯다
02	s__r__e	제공하다, 서빙하다	07	t__rn	돌리다	13	m__seu__	박물관
03	w__itr__ss	여자 종업원	08	i__ve__t	발명하다	14	s__a__e	뱀
04	te__p__ra__ure	온도	09	r__b__t	로봇	15	p__r__	주차하다
05	bri__g__	다리, 교각	10	__ol__ect	수집하다			
			11	w__l__	산책시키다			

단어 연습장 공부법 3단계 | 단어를 다시 들으면서 큰 소리로 따라 읽어보세요.

단어 연습장 공부법 1단계 | 들려주는 단어를 잘 듣고, 옆의 빈칸에 세 번씩 써 보세요.

Step 1

01 raise 키우다
[reiz]
raise

02 be filled with ~로 채우다
[bi fíːld wið]

03 feed (먹이를) 먹이다
[fíːd]

04 word 말, 단어
[wəːrd]

05 lead 안내하다, 인도하다
[líːd]

06 produce 생산하다
[prədjúːs]

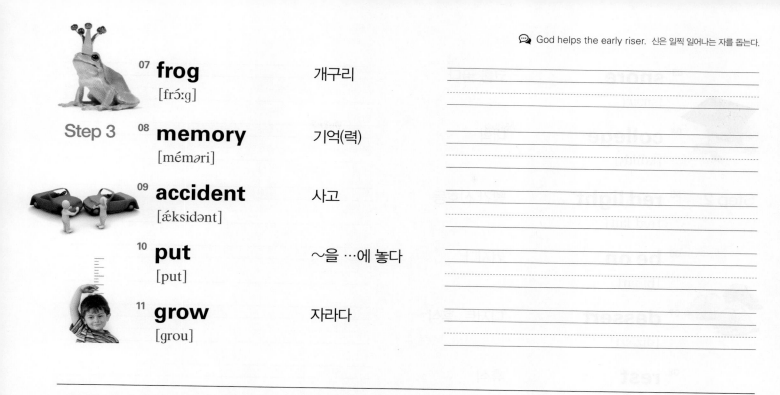

07	**frog** [frɔ́:g]	개구리
Step 3 08	**memory** [méməri]	기억(력)
09	**accident** [ǽksidənt]	사고
10	**put** [put]	～을 …에 놓다
11	**grow** [grou]	자라다

단어 연습장 공부법 2단계 | 진단평가, 수행평가 대비에 꼭 필요한 단어 복습 빈칸 넣기 문제입니다.

01 r___i___e	키우다	05 l___a___	안내하다, 인도하다	09 a___c___d___nt	사고
02 b___fil___ed w___t___	～으로 채우다	06 pr___d___c___	생산하다	10 p___t	～을 …에 놓다
03 f___d	(먹이를) 먹이다	07 fr___g	개구리	11 gr___w	자라다
04 w___r___	말, 단어	08 me___o___y	기억(력)		

단어 연습장 공부법 3단계 | 단어를 다시 들으면서 큰 소리로 따라 읽어보세요.

UNIT 09   🎧 MP3 5권 단어 UNIT 09   학습한 날 :

단어 연습장 공부법 1단계 | 들려주는 단어를 잘 듣고, 옆의 빈칸에 세 번씩 써 보세요.

| Step 1 01 | **the UK** [ðə jù: kéi] | 영국 | the UK |
| 02 | **too much** [tu: mʌtʃ] | 너무 많이 | |

단어 듣고 따라 쓰기 연습

	03	**snore** [snɔːr]	코를 골다	
	04	**college** [kálidʒ]	대학	
Step 2	05	**red light** [red lait]	빨간 신호등	
	06	**be on** [bi ən]	켜지다	
	07	**dessert** [dizə́ːrt]	디저트, 후식	
	08	**rest** [rest]	휴식	
Step 3	09	**take a walk** [teik ə wɔːk]	산책하다	
Step 4	10	**snow** [snou]	눈이 오다	

단어 연습장 공부법 2단계 | 진단평가, 수행평가 대비에 꼭 필요한 단어 복습 빈칸 넣기 문제입니다.

01	t___e U___	영국	05	r___d lig___t	빨간 신호등	09	t___ke a wal___	산책하다
02	t___o m___c___	너무 많이	06	___e___n	켜지다	10	s___o___	눈이 오다
03	s___o___e	코를 골다	07	d___s___e___t	디저트, 후식			
04	c___ll___g___	대학	08	r___s___	휴식			

단어 연습장 공부법 3단계 | 단어를 다시 들으면서 큰 소리로 따라 읽어보세요.

UNIT 10 🎧 MP3 5권 단어 UNIT 10 학습한 날 :

단어 연습장 공부법 1단계 | 들려주는 단어를 잘 듣고, 옆의 빈칸에 세 번씩 써 보세요.

Step 1	01	**break** [breik]	망가지다	break

	02 **be bored** [bi bɔːrd]	지루하게 느끼다	
	03 **marry** [mǽri]	~와 결혼하다	
Step 2	04 **headache** [hédèik]	두통	
	05 **medicine** [médisin]	약	
	06 **meeting** [míːtiŋ]	회의	
	07 **be proud of** [bi praud əv]	~을 자랑스러워하다	
Step 3	08 **cold** [kould]	감기	
	09 **hurry up** [hə́ːri ʌp]	서두르다	
	10 **thirsty** [θə́ːrsti]	목마른	
	11 **fever** [fíːvər]	열	

단어 듣고 따라 쓰기 연습

단어 연습장 공부법 2단계 | 진단평가, 수행평가 대비에 꼭 필요한 단어 복습 빈칸 넣기 문제입니다.

01 ___r___ak	망가지다	05 m___d___c___n___	약	08 c___l___	감기
02 ___e bo___ed	지루하게 느끼다	06 m___e___in___	회의	09 h___rry ___p	서두르다
03 m___ry	~와 결혼하다	07 be pr___ud o___	~을 자랑스	10 t___ir___t___	목마른
04 h___a___a___h___	두통		러워하다	11 f___ve___	열

단어 연습장 공부법 3단계 | 단어를 다시 들으면서 큰 소리로 따라 읽어보세요.

단어 연습장 공부법 1단계 | 들려주는 단어를 잘 듣고, 옆의 빈칸에 세 번씩 써 보세요.

Step 1	01	**Tuesday** [tjúːzdei]	화요일	Tuesday
Step 2	02	**end** [end]	끝나다	
8	03	**August** [ɔ́ːgəst]	8월	
	04	**by** [bai]	~까지	
	05	**June** [dʒuːn]	6월	
Step 3	06	**last** [læst]	마지막의, 지난	
	07	**Olympics** [oulímpiks]	올림픽	
	08	**be held** [bi held]	열리다, 개최되다	

단어 연습장 공부법 2단계 | 진단평가, 수행평가 대비에 꼭 필요한 단어 복습 빈칸 넣기 문제입니다.

01 T__e__d__y	화요일	04 b__	~까지	07 O__y__p__c__	올림픽
02 e__d	끝나다	05 J__n__	6월	08 be h__l__	열리다,
03 A__g__st	8월	06 la__t	마지막의, 지난		개최되다

단어 연습장 공부법 3단계 | 단어를 다시 들으면서 큰 소리로 따라 읽어보세요.

UNIT 12 🎧 MP3 5권 단어 UNIT 12

학습한 날 :

초777_5_w12

단어 연습장 공부법 1단계 | 들려주는 단어를 잘 듣고, 옆의 빈칸에 세 번씩 써 보세요.

Step 1 01 **city hall** 시청
[síti hɔːl]

02 **watch** 손목시계
[wɑtʃ]

city hall

Step 3 03 **living room** 거실
[líviŋ ru(ː)m]

04 **come from** ~ 출신이다
[kʌm frəm]

05 **police station** 경찰서
[pəlíːs stéiʃən]

단어 연습장 공부법 2단계 | 진단평가, 수행평가 대비에 꼭 필요한 단어 복습 빈칸 넣기 문제입니다.

01 ci__y __al__ 시청	03 li__i__g r__o__ 거실	05 p__l__ce s__at__o__
02 w__t__h 손목시계	04 c__me fr__m ~ 출신이다	경찰서

단어 연습장 공부법 3단계 | 단어를 다시 들으면서 큰 소리로 따라 읽어보세요.

UNIT 13 🎧 MP3 5권 단어 UNIT 13

학습한 날 :

초777_5_w13

단어 연습장 공부법 1단계 | 들려주는 단어를 잘 듣고, 옆의 빈칸에 세 번씩 써 보세요.

Step 1 01 **thing** 것, 일
[θíŋ]

thing

02 **get** ~하게 되다
[get]

단어 듣고 따라 쓰기 연습

03	**dark** [dɑːrk]	어두운	
04	**enough** [inʌf]	충분한	
05	**noisy** [nɔ́izi]	시끄러운, 소란스러운	
Step 2　06	**yo-yo** [joujou]	요요 장난감	
07	**kite** [kait]	연	
08	**take a taxi** [teik ei tǽksi]	택시를 타다	
09	**enter** [éntər]	들어가다	
Step 3　10	**best** [best]	가장 좋은	
11	**gift** [gift]	선물	
12	**each other** [iːtʃ ʌ́ðər]	서로	

단어 연습장 공부법 2단계 | 진단평가, 수행평가 대비에 꼭 필요한 단어 복습 빈칸 넣기 문제입니다.

01	t___i___g	것, 일	06	y___-y___	요요 장난감	11 g_____t	선물
02	g___t	~하게 되다	07	k_____e	연	12 e___ch o___h__r	서로
03	d__r___	어두운	08	t___ke a ta___i	택시를 타다		
04	e__o__g___	충분한	09	e_____er	들어가다		
05	n___i___y	시끄러운, 소란스러운	10	b___s___	가장 좋은		

단어 연습장 공부법 3단계 | 단어를 다시 들으면서 큰 소리로 따라 읽어보세요.

UNIT 14 🎧 MP3 5권 단어 UNIT 14

학습한 날 :

초777_5_w14

단어 연습장 공부법 1단계 | 들려주는 단어를 잘 듣고, 옆의 빈칸에 세 번씩 써 보세요.

Step 1	01	**spider** [spáidər]	거미	spider
	02	**tunnel** [tʌ́nəl]	터널	
Step 2	03	**toothbrush** [túːθbrʌ̀ʃ]	칫솔	
	04	**throw a party** [θrou ə páːrti]	파티를 열다	
Step 3	05	**north** [nɔːrθ]	북쪽	
	06	**corner** [kɔ́ːrnər]	모퉁이, 코너	

단어 연습장 공부법 2단계 | 진단평가, 수행평가 대비에 꼭 필요한 단어 복습 빈칸 넣기 문제입니다.

| 01 s___i___er | 거미 | 03 t_____thbrush | 칫솔 | 05 n___r___h | 북쪽 |
| 02 t___n___e___ | 터널 | 04 t___r___w a par___y | 파티를 열다 | 06 c___r___er | 모퉁이, 코너 |

단어 연습장 공부법 3단계 | 단어를 다시 들으면서 큰 소리로 따라 읽어보세요.

단어 듣고 따라 쓰기 연습

단어 듣고 따라 쓰기 연습 **105**

단어 연습장 공부법 1단계 | 들려주는 단어를 잘 듣고, 옆의 빈칸에 세 번씩 써 보세요.

Step 1

01	**read** [riːd]	~에게 …을 읽어 주다	read
02	**toothache** [túːθèik]	치통	
03	**hurt** [həːrt]	다치게 하다	
04	**terrible** [térəbl]	끔찍한	
05	**helmet** [hélmit]	헬멧	
06	**protect** [prətékt]	보호하다	
07	**yourself** [juərsélf]	네 자신	
08	**right now** [rait nau]	지금 당장	
09	**washing machine** [wáʃiŋ məʃíːn]	세탁기	

Step 2

10	**fail** [feil]	실패하다, 낙방하다	
11	**extra** [ékstrə]	추가의, 여분의	
12	**practice** [prǽktis]	연습하다, 훈련하다	
13	**scare** [skɛər]	두려워하다	
14	**trust** [trʌst]	믿다	

15 stranger
[stréindʒər]

이방인, 낯선 사람

16 safe
[seif]

안전한

17 break
[breik]

어기다

18 rule
[ru:l]

규칙

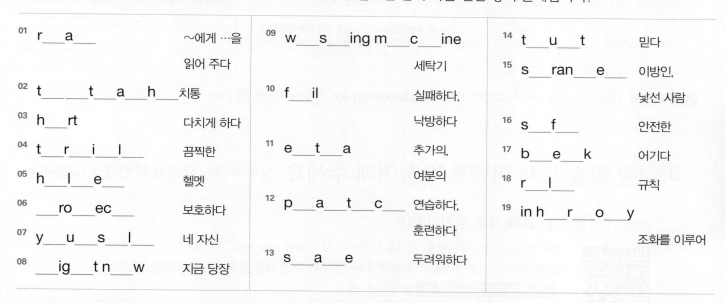

19 in harmony
[in háːrməni]

조화를 이루어

단어 연습장 공부법 2단계 | 진단평가, 수행평가 대비에 꼭 필요한 단어 복습 빈칸 넣기 문제입니다.

01	r___a___	~에게 …을 읽어 주다	09	w___s___ing m___c___ine	세탁기	
02	t___t___a___h___	치통	10	f___il	실패하다, 낙방하다	
03	h___rt	다치게 하다	11	e___t___a	추가의, 여분의	
04	t___r___i___l___	끔찍한	12	p___a___t___c___	연습하다, 훈련하다	
05	h___l___e___	헬멧	13	s___a___e	두려워하다	
06	___ro___ec___	보호하다				
07	y___u___s___l___	네 자신				
08	___ig___t n___w	지금 당장				

14	t___u___t	믿다
15	s___ran___e___	이방인, 낯선 사람
16	s___f___	안전한
17	b___e___k	어기다
18	r___l___	규칙
19	in h___r___o___y	조화를 이루어

단어 연습장 공부법 3단계 | 단어를 다시 들으면서 큰 소리로 따라 읽어보세요.

MBC 공부가 머니? 추천 화제의 도서

초등영문법 777 동영상강의

초등 영어 교과서, 학교 시험
완벽 분석 반영한 초등영문법 강의

초등 영문법
쉽고 재미있게 학습 해보세요!

김유경 선생님
이화여자대학교 영어영문학과 **현** 평촌 김영부학원 영어강사
현 목동씨앤씨 특목 입시 전문학원 영어강사 **현** 메가스터디 엠베스트 영어강사
전 EBSlang(알쓸신영)공개강의 진행 **전** 신촌메가스터디 재수종합학원 영어강사

강의구성

교재명	가격	강의 수	수강기간	혜택
초등영문법 777 0권	5,900원	18강	150일 무료 수강연장 1회	북포인트 지급
초등영문법 777 1권	5,900원	20강	150일 무료 수강연장 1회	북포인트 지급
초등영문법 777 2권	5,900원	20강	150일 무료 수강연장 1회	북포인트 지급
초등영문법 777 3권	5,900원	20강	150일 무료 수강연장 1회	북포인트 지급
초등영문법 777 4권	5,900원	20강	150일 무료 수강연장 1회	북포인트 지급
초등영문법 777 5권	5,900원	20강	150일 무료 수강연장 1회	북포인트 지급
초등영문법 777 6권	5,900원	20강	150일 무료 수강연장 1회	북포인트 지급
초등영문법 777 0~6권	29,900원	138강	150일 무료 수강연장 1회	북쿠폰 1매 + 북포인트 지급
프리패스 이용권	연 이용권 99,000원	마더텅 동영상강의 모든 과정을 수강할 수 있습니다. (중학영문법 3800제 전과정, 중학수학 뜀틀 개념편, 유형편 전과정 등 초중고 50여개 강의 포함)	365일	북쿠폰 3매 + 북포인트 지급
	월 이용권 9,900원		30일	북포인트 지급
	14,900원			월 결제 시마다 북쿠폰 1매 + 북포인트 지급

📞 **문의전화 1661-1064** 07:00~22:00 **edu.toptutor.co.kr** 포털에서 마더텅 인강 검색

마더텅 학습 교재 이벤트에 참여해 주세요. 참여해 주신 모든 분께 선물을 드립니다.

이벤트 1 1분 간단 교재 사용 후기 이벤트

마더텅은 고객님의 소중한 의견을 반영하여 보다 좋은 책을 만들고자 합니다.
교재 구매 후, <교재 사용 후기 이벤트>에 참여해 주신 모든 분께는 감사의 마음을 담아
네이버페이 포인트 1천 원 을 보내 드립니다.
지금 바로 QR 코드를 스캔해 소중한 의견을 보내 주세요!

이벤트 2 마더텅 교재로 공부하는 인증샷 이벤트

 인스타그램에 <마더텅 교재로 공부하는 인증샷>을 올려 주시면

참여해 주신 모든 분께 감사의 마음을 담아 네이버페이 포인트 2천 원 을 보내 드립니다.
지금 바로 QR 코드를 스캔해 작성한 게시물의 URL을 입력해 주세요!

필수 태그 #마더텅 #초등영어 #공스타그램

※ 자세한 사항은 해당 QR 코드를 스캔하거나 홈페이지 이벤트 공지 글을 참고해 주세요.
※ 당사 사정에 따라 이벤트의 내용이나 상품이 변경될 수 있으며 변경 시 홈페이지에 공지합니다.
※ 만 14세 미만은 부모님께서 신청해 주셔야 합니다.
※ 상품은 이벤트 참여일로부터 2~3일(영업일 기준) 내에 발송됩니다.
※ 동일 교재로 두 가지 이벤트 모두 참여 가능합니다. (단, 같은 이벤트 중복 참여는 불가합니다.)
※ 이벤트 기간: 2025년 12월 31일까지 (*해당 이벤트는 당사 사정에 따라 조기 종료될 수 있습니다.)

UNIT 01 문장의 5형식   본문 p.02

Step 1
02 My mom(주어), is(동사), a teacher(보어)
03 Jenny(주어), looks(동사), angry(보어)
04 We(주어), played(동사)
05 The baby(주어), cried(동사)
06 Mike(주어), sings(동사)

Step 2
02 tennis   03 a skirt
04 vegetables   05 me, a book
06 TV   07 him, an e-mail
08 us, some cookies

Step 3
01 Mina(주어), opened(동사), the door(목적어), 3
02 My sister(주어), gave(동사), me(간접목적어), a present(직접목적어), 4
03 He(주어), ordered(동사), a cup of coffee(목적어), 3
04 She(주어), made(동사), me(목적어), happy(목적격 보어), 5
05 James(주어), became(동사), a singer(주격 보어), 2
06 We(주어), heard(동사), the birds(목적어), sing(목적격 보어), 5
07 Jina(주어), taught(동사), me(간접목적어), math(직접목적어), 4
08 They(주어), call(동사), him(목적어), Mr. President(목적격 보어), 5

Step 4
02 is the tallest   03 me her picture
04 made me sad   05 saw him
06 studied hard   07 my hands shaking
08 me   09 watching a cartoon
10 became a designer   11 her
12 me

UNIT 02 2형식 문장과 감각동사   본문 p.06

Step 1
02 happy   03 engineers   04 tastes
05 soft   06 students   07 feels
08 looks   09 interesting   10 sad
11 pale   12 hungry

Step 2
02 beautifully   03 easily
04 is looking handsome 05 redly
06 is tasting   07 dancing
08 confidently   09 is smelling
10 buy clothes

Step 3
02 He looks sad. 그는 슬퍼 보인다.
03 That sounds good. 그것은 좋게 들린다.
04 I studied hard. 나는 공부를 열심히 했다.
05 He became quiet. 그는 조용해 졌다.
06 She became a doctor. 그녀는 의사가 되었다.
07 He is a scientist. 그는 과학자이다.
08 I am intelligent. 나는 영리하다.

09 They are my parents. 그들은 나의 부모님이다.
10 This food is delicious. 이 음식은 맛있다.

Step 4
02 He became an actor. 그는 배우가 되었다.
03 This food smells good. 이 음식은 냄새가 좋다.
04 I am[I'm] a police officer. 나는 경찰관이다.
05 Her face turned red. 그녀의 얼굴이 붉어졌다.
06 This car is fast. 이 차는 빠르다.

UNIT 03 4형식 문장 → 3형식 문장   본문 p.10

Step 1
02 his brother the camera
03 to   04 her a question
05 me the picture   06 for
07 for   08 to
09 me a birthday card   10 to

Step 2
02 Thomas showed his pet to her.
Thomas는 그의 애완동물을 그녀에게 보여주었다.
03 The student asked a question of him.
그 학생은 그에게 질문을 하나 물어보았다.
04 He bought a nice vest for me.
그는 나에게 멋진 조끼를 하나 사주었다.
05 The scientist got the chance for me.
그 과학자는 나에게 기회를 주었다.
06 Ms. Peterson cooked dinner for us.
Peterson 아주머니는 우리에게 저녁을 요리해주셨다.
07 I sent postcards to my parents.
나는 나의 부모님에게 엽서들을 보냈다.
08 I gave sunflowers to my husband.
나는 나의 남편에게 해바라기를 주었다.

Step 3
02 He sent an e-mail to me.
그는 나에게 이메일을 보냈다.
03 We bought a new bag for him.
우리는 그에게 새 가방을 사주었다.
04 I gave him some water.
나는 그에게 물을 주었다.
05 Mary will cook soup for him.
Mary는 그에게 수프를 만들어 줄것이다.
06 She wrote a letter to me.
그녀는 나에게 편지를 써주었다.
07 I gave him a present.
나는 그에게 선물을 주었다.

Step 4
02 to, 그는 나에게 오직 진실만을 말한다.
03 for, 그녀는 친구를 위해 오렌지 주스를 만들었다.
04 of, 나는 그에게 호의를 부탁했다.
05 to, 너는 나에게 내 책을 주어야 한다.

UNIT 04 5형식 문장   본문 p.14

Step 1
02 ×   03 ○   04 ×
05 ○   06 ×   07 ○
08 ○   09 ○   10 ×

Step 2
02 happy   03 him

04 laugh   05 a class president
06 interesting   07 cross
08 sleepy   09 play
10 a chairman

Step 3
02 5, 그는 나를 Mr. Nick이라고 부른다.
03 3, 나는 그에게 소포를 보냈다.
04 5, Tom은 Claire가 춤추는 것을 보았다.
05 3, 그녀는 나에게 쿠키를 좀 주었다.
06 4, Jerry는 나에게 프랑스어를 가르쳤다.
07 5, 나는 그가 노래를 부르는 것을 들었다.
08 5, 나는 그가 그림을 그리는 것을 보았다.

Step 4
02 the homework(목적어), ×
03 me(목적어), sad(목적격 보어)
04 someone(목적어), shout(목적격 보어)
05 me(목적어), a police officer(목적격 보어)
06 me, a new cell phone(목적어), ×

UNIT 05 부가의문문   본문 p.18

Step 1
02 did she   03 didn't they   04 can't he
05 was she   06 don't you   07 doesn't it
08 isn't it   09 will you   10 doesn't he

Step 2
02 can he   03 doesn't she   04 didn't they
05 don't you   06 won't we   07 wasn't she
08 can't you   09 did they   10 is she

Step 3
02 didn't you   03 did she   04 can't he
05 are they   06 shouldn't you

Step 4
02 isn't   03 can   04 No
05 Yes   06 Yes

UNIT 01~05 실전테스트   본문 p.22

01 ③
   ①, ②, ④: 1형식, ③: 3형식
02 feel   03 taste
04 ②   05 for
06 isn't it   07 doesn't he
08 ①   09 to
10 isn't   11 (1) ⓛ (2) ⓒ (3) ⓖ
12 ④
13 She can't[cannot] speak Italian, can she?
그녀는 이탈리아어를 말할 수 없어, 그렇지?
14 Julia is diligent, isn't she?
Julia는 부지런해, 그렇지 않니?
15 dance, a bear   16 a pen, her
17 the news, her
18 ②
sadly → sad
19 ①
20 I found this song beautiful.
나는 이 노래가 아름답다는 걸 알았다.
21 Kate made her cry.
Kate는 그녀를 울게 만들었다.

22 ③
23 4형식 문장: ㉡   5형식 문장: ㉢
24 (1) does he? (2) didn't we?
25 We elected Mr. Nam president.
우리는 Mr. Nam을 사장으로 선출했다.
26 to
27 (1) happy (2) to
28 ③
29 ③
is feeling → feels
30 ④
badly → bad

UNIT 06 현재분사와 과거분사 본문 p.26

Step 1

02 flying	03 running	04 sleeping
05 crying	06 broken	07 tired
08 written	09 boring	10 painted
11 surprising	12 used	

Step 2

02 eaten	03 closing	04 opened
05 writing	06 had	07 running
08 walked	09 excited	10 going
11 sold	12 spending	13 stolen
14 boring	15 doing	16 carried
17 been	18 dying	19 given
20 rung	21 burning	22 building
23 surprised	24 painting	25 crossed
26 picking	27 finishing	28 cleaned
29 lived	30 put	

Step 3

02 spent	03 singing	04 lost
05 opening	06 fallen	07 rising
08 covered	09 exciting	10 interested

UNIT 07 수동태 만들기 본문 p.30

Step 1

02 수	03 수	04 수
05 능	06 수	07 능
08 능	09 수	10 수
11 수	12 능	13 수
14 능	15 수	

Step 2

02 That car was driven by my brother.
저 차는 나의 남동생에 의해 운전됐다.

03 My phone was stolen by him.
나의 전화기는 그에 의해 도난 당했다.

04 I was laughed at by her.
나는 그녀에 의해 비웃음을 당했다.

05 This cookie was made by me.
이 쿠키는 나에 의해 만들어졌다.

06 This bike is liked by me.
이 자전거는 나에 의해 사랑을 받는다.

07 You are loved by me.
너는 나에 의해 사랑을 받는다.

08 The pizza was eaten by her.
그 피자는 그녀에 의해 먹혔다. (그 피자는 그녀가 먹었다.)

09 Jerry is respected by Tom.
Jerry는 Tom에 의해 존경을 받는다.

10 My glasses were broken by someone.
나의 안경은 누군가에 의해 부러졌다.

11 The table was turned by us.

그 탁자는 우리에 의해 돌려졌다.

12 The robot was invented by him.
그 로봇은 그에 의해 발명되었다.

13 Stamps were collected by many people.
우표는 많은 사람들에 의해 수집되었다.

14 Sam was finally understood by her.
Sam은 마침내 그녀에 의해 이해되었다.

15 His name was forgotten by us.
그의 이름은 우리에 의해 잊혀졌다.

16 Her[Jamie's] mother is missed by Jamie[her].
그녀[Jamie]의 어머니는 Jamie[그녀]에 의해 그리워진다.

17 The dog was walked by me.
그 개는 나에 의해 산책시켜졌다.

Step 3

02 She shows the sculpture.
그녀는 그 조각품을 보여준다.

03 The cookies are baked by my mother.
쿠키들이 나의 어머니에 의해 구워진다.

04 I broke the cup.
나는 그 컵을 깼다.

05 My sister is bitten by a cat.
나의 여동생은 고양이에게 물린다.

06 We see the movie.
우리는 그 영화를 본다.

07 The city was built by us.
그 도시는 우리에 의해 지어졌다.

08 The wind shakes the tree.
바람이 그 나무를 흔든다.

09 Many people are attracted by this museum.
많은 사람들이 이 박물관에 끌린다.

10 Animals are eaten by snakes.
동물들은 뱀에 의해 먹힌다.

11 The computer was fixed by him.
그 컴퓨터는 그에 의해 고쳐졌다.

12 The street is cleaned by them.
그 거리는 그들에 의해 청소된다.

13 The subway is used by a lot of people.
지하철은 많은 사람에 의해 이용된다.

14 The box was moved by her.
그 상자는 그녀에 의해 옮겨졌다.

15 His car was parked there by him.
그의 차는 그에 의해 그곳에 주차되었다.

16 A song was sung by the kids.
노래가 아이들에 의해 불려졌다.

17 My wallet was found by someone.
나의 지갑은 누군가에 의해 발견되었다.

UNIT 08 수동태의 부정문과 의문문 본문 p.34

Step 1

02 My bag was not[wasn't] made by her.
나의 가방은 그녀에 의해 만들어지지 않았다.

03 The book was not[wasn't] written by Amy.
그 책은 Amy에 의해 쓰여지지 않았다.

04 She is not[isn't] hated by her friends.
그녀는 그녀의 친구들에게 미움받지 않는다.

05 The car was not[wasn't] sold by them.
그 자동차는 그들에 의해 팔리지 않았다.

06 Jerry was not[wasn't] caught by Sam.
Jerry는 Sam에 의해 잡히지 않았다.

07 It was not[wasn't] read by her.
그것은 그녀에 의해 읽히지 않았다.

08 I was not[wasn't] raised by my aunt.
나는 내 이모에 의해 키워지지 않았다.

09 This movie was not[wasn't] directed by Mr. Kim.
이 영화는 김 씨에 의해 감독되지 않았다.

10 This room was not[wasn't] cleaned by him.
이 방은 그에 의해 청소되지 않았다.

11 It is not[isn't] sung by Mary.
그것은 Mary에 의해 불리지 않는다.

12 This bridge was not[wasn't] built by my uncle.
이 다리는 나의 삼촌에 의해 지어지지 않았다.

13 The balloons are not[aren't] filled with air.
그 풍선들은 공기로 채워지지 않는다.

14 The baby is not[isn't] fed by her mother.
그 아기는 그녀의 어머니에 의해 수유되지 않는다.

15 The ball was not[wasn't] hit by Tom.
그 공은 Tom에 의해 쳐지지 않았다.

16 I was not[wasn't] hurt by his words.
나는 그의 말에 상처받지 않았다.

17 She is not[isn't] led to her room.
그녀는 그녀의 방으로 안내되지 않는다.

18 The car was not[wasn't] produced.
그 차는 생산되지 않았다.

19 Flies are not[aren't] eaten by frogs.
파리는 개구리에게 먹히지 않는다.

20 Your bag was not[wasn't] found by Joseph.
당신의 가방은 Joseph에 의해 발견되지 않았다.

Step 2

02 Was my bag made by her?
나의 가방이 그녀에 의해 만들어졌나요?

03 Was the book written by Amy?
그 책은 Amy에 의해 쓰여졌나요?

04 Is she hated by her friends?
그녀는 그녀의 친구들에게 미움 받나요?

05 Was the car sold by them?
그 자동차가 그들에 의해 팔렸나요?

06 Was Jerry caught by Sam?
Jerry는 Sam에 의해 잡혔나요?

07 Was it read by her?
그것은 그녀에 의해 읽혔나요?

08 Was I raised by my aunt?
나는 내 이모에 의해 키워졌나요?

09 Was this movie directed by Mr. Kim?
이 영화가 김 씨에 의해 감독되었나요?

10 Was this room cleaned by him?
이 방이 그에 의해 청소되었나요?

11 Is it sung by Mary?
Mary에 의해 그것이 불려지나요?

12 Was this bridge built by my uncle?
이 다리는 나의 삼촌에 의해서 지어졌나요?

13 Are the balloons filled with air?
그 풍선들은 공기로 채워져 있나요?

14 Is the baby fed by her mother?
그 아기는 그녀의 어머니에 의해 수유되나요?

15 Was the ball hit by Tom?
그 공은 Tom에 의해 치였나요?

16 Was I hurt by his words?
내가 그의 말에 의해 상처 받았나요?

17 Is she led to her room?
그녀는 그녀의 방으로 안내되나요?

18 Was the car produced?
그 차는 생산이 되었나요?

19 Are flies eaten by frogs?
파리가 개구리에게 먹히나요?

20 Was your bag found by Joseph?
당신의 가방이 Joseph에 의해 발견되었나요?

Step 3

02 written   03 not lost   04 broken

05 put   06 grown   07 not eaten

UNIT 09 시간의 접속사 when/after/before 본문 p.38

Step 1

02 before   03 Before   04 when

05 after   06 when   07 After

08 before   09 After   10 after

Step 2

02 When it rains

03 before the movie started

04 After we worked hard

05 when the red light is on

Step 3

02 after, 나는 영어를 공부한 후에 휴식을 취할 것이다.

03 before, 점심을 먹기 전에 손을 씻어라.

04 after, 아침을 먹은 후에 학교에 가자.

05 When, 나는 피곤할 때 대개 잔다.

Step 4

02 I make a snowman when it snows.[When it snows, I make a snowman.]
나는 눈이 올 때 눈사람을 만든다.

03 She brushes her teeth after she eats cookies. [After she eats cookies, she brushes her teeth.]
그녀는 쿠키를 먹고 나서 이를 닦는다.

04 He exercises after he finishes the meal.[After he finishes the meal, he exercises.]
그는 식사를 마친 후 운동을 한다.

05 She reads a newspaper before she goes to school.[Before she goes to school, she reads a newspaper.]
그녀는 학교에 가기 전에 신문을 읽는다.

UNIT 10 기타 접속사 because/if 본문 p.42

Step 1

02 if   03 If   04 Because

05 because   06 if   07 because

08 If   09 If   10 Because

11 Because   12 Because

Step 2

02 if you don't exercise

03 because he had a headache

04 if she is not busy

05 because I got good grades

Step 3

02 Because he was late

03 If he hurries up

04 if

05 If you do your homework

06 Because she was hungry, she

07 because I was thirsty

08 if you are tired

09 Because of the fever, I got

10 if you want to go

11 If you ride a bus

12 Because she is kind

UNIT 06~10 실전테스트 본문 p.46

01 ①

---

02 현재분사 — breaking, running
과거분사 — broken, run, closed

03 My purse was stolen by him.
내 지갑은 그에 의해 도난당했다.

04 ④
walk → walked

05 When

06 ③
①, ②, ④ 의문사 ③ 접속사

07 (1) ⓑ (2) ⓐ (3) ⓒ

08 ①, ③   09 when

10 before

11 (1) 능동태 (2) 수동태 (3) 능동태 (4) 수동태

12 (W)hy, (B)ecause

13 stolen, 훔쳐진, 과거분사

14 crying, 우는[울고 있는], 현재분사

15 before   16 after

17 if   18 because

19 ②
① eating–eaten ③ stealing–stolen,
④ running–run

20 ③
①, ②, ④ 수동태 ③ 능동태

21 수   22 능   23 수

24 능   25 능

26 because of, when

27 My glasses were broken by him.
나의 안경이 그에 의해 부러졌다.

28 Read the book if you're interested.
네가 흥미가 있다면 그 책을 읽어라.

29 He is playing tennis now.
그는 지금 테니스를 치는 중이다.

30 *Sushi* is eaten in Japan.
초밥은 일본에서 먹힌다.(초밥은 일본에서 먹는다.)

UNIT 11 When으로 묻고 시간 전치사로 답하기 본문 p.50

Step 1

02 do, On   03 does, At

04 do, In   05 do, On

06 does, At   07 does, In

Step 2

02 When do, go   03 did you

04 When does, end   05 When, you, finish

06 When, start   07 When is

08 When did   09 does, open

Step 3

02 In   03 In

04 At   05 In

UNIT 12 Where로 묻고 장소 전치사로 답하기 본문 p.54

Step 1

02 Under the desk. 책상 밑에.

03 In Busan. 부산에서.

04 At the department store. 백화점에서.

05 Next to the post office. 우체국 옆에서.

Step 2

02 She lives next to the park. 그녀는 공원 옆에 산다.

03 Where did you park your car?
당신은 어디에 당신의 차를 주차했나요?

04 I parked it behind the store.
나는 그것을 그 가게 뒤에 주차했다.

05 Where are the balls? 그 공들이 어디 있나요?

---

06 They are in the basket. 그것들은 바구니 안에 있다.

07 Where were you yesterday?
당신은 어제 어디 있었나요?

08 I was at the library. 나는 도서관에 있었다.

09 Where did you[Jane] meet Jane[you]?
당신[Jane]은 Jane[당신]을 어디서 만났나요?

10 I met her in the restaurant.
나는 식당에서 그녀를 만났다.

Step 3

02 the bank   03 you want to go

04 Jenny come from   05 you going

06 she go

Step 4

02 Where is the TV? TV는 어디에 있니?

03 Where was Mary yesterday?
Mary는 어제 어디에 있었니?

04 The eraser is on the desk. 지우개는 책상 위에 있다.

05 The ball is in the room. 공은 방 안에 있다.

06 The clock hangs on the wall.
시계는 벽에 걸려 있다.

07 The hospital is behind the school.
병원은 학교 뒤에 있다.

UNIT 13 접속부사와 접속사 as 본문 p.58

Step 1

02 However   03 For example

04 as   05 Therefore

06 as   07 However

08 As   09 However

10 as   11 Therefore

12 For example   13 Therefore

14 As

Step 2

02 However   03 because[as]

04 For example   05 Therefore

06 as   07 However

08 Therefore   09 However

10 because[as]   11 as

12 As

Step 3

02 사랑이 최고의 선물이다. 그러므로 우리는 서로를 사랑해야 한다.

03 넌 네가 좋아하는 대로 샌드위치를 만들 수 있다.

04 나는 친구들이 많기 때문에 큰 생일 파티를 열 것이다.

05 우리는 건강에 좋은 음식이 필요하다. 예를 들어 우리는 많은 채소를 먹어야 한다.

UNIT 14 전치사 마무리하기 본문 p.62

Step 1

02 in   03 on   04 on

05 on   06 in   07 through

08 with   09 like   10 without

Step 2

02 at → with   03 with → like

04 in → at   05 on → in

06 at → on   07 in → on

08 with → without   09 on → in

10 in → about

Step 3

02 toward   03 to   04 from

05 into   06 around

정답 및 해석

UNIT 15 명령문과 and / or 본문 p.68

Step 1

02 그녀에게 그 책을 읽어 주어라, 그러면 그녀는 조용해질 것이다.
03 네 방을 청소해라, 그렇지 않으면 너는 휴식을 취할 수 없다.
04 우는 것을 멈춰라, 그러면 내가 너에게 쿠키를 줄 것이다.
05 네 이를 닦아라, 그렇지 않으면 너는 치통을 갖게 될 것이다.
06 서둘러라, 그러면 너는 모임에 늦지 않을 것이다.
07 조심해라, 그렇지 않으면 넌 다칠 것이다.
08 네 손을 씻어라, 그렇지 않으면 나는 너에게 샌드위치를 주지 않을 것이다.
09 그 창문을 닫아라, 그러면 너는 더 따뜻해질 것이다.
10 이리로 오지 말아라, 그렇지 않으면 너는 끔찍한 것을 볼 것이다.
11 헬멧을 써라, 그러면 넌 네 자신을 보호할 수 있다.
12 휴대전화를 꺼라, 그렇지 않으면 너는 수업 시간에 공부할 수 없다.
13 이 당근을 먹어라, 그러면 너는 건강한 눈을 가질 수 있다.
14 지금 당장 일어나라, 그렇지 않으면 넌 늦을 것이다.
15 세탁기를 고쳐라, 그렇지 않으면 너는 더러운 옷을 입을 것이다.

Step 2

02 and   03 and   04 or
05 and   06 and   07 or
08 or   09 and   10 and
11 and   12 and   13 and
14 or

UNIT 11~15 실전테스트 본문 p.72

01 ①
02 접속사 — and, or
   전치사 — at, to, without
03 or   04 ③
05 When, At 06 Where, under
07 Where, behind
08 (1) ⓒ (2) ⓑ (3) ⓐ
09 ①, ③
   ② because of → or ④ on → at
10 in   11 and
12 (1) Therefore (2) For example
13 around, ~ 주위에 14 behind, ~ 뒤에
15 by   16 under
17 at   18 on
19 ②
   ①, ③은 장소 전치사로 답한다.
20 ①
   ②, ③, ④ and
21 at   22 on
23 between   24 Where
25 When   26 Where, around
27 I can't read a book without my glasses.
   나는 나의 안경 없이 책을 읽을 수 없다.
28 This book was written by a famous movie star.
   이 책은 유명한 영화배우에 의해 쓰여졌다.
29 Close the door, or you will catch a cold.
   문을 닫아라, 그렇지 않으면 넌 감기에 걸릴 것이다.
30 Christmas is in December.
   크리스마스는 12월에 있다.

UNIT 01~15 총괄평가 1회 본문 p.76

01 ①, ②   02 to
03 for   04 ③
05 ①   06 ③
07 looked
08 The bottle was filled by them.
   그 병은 그들에 의해 채워졌다.
09 The notebooks were found by Susan.
   그 공책들은 Susan에 의해 발견되었다.
10 The light bulb is changed by him.
   전구는 그에 의해 교체된다.
11 5   12 ②
13 ②   14 ③
15 ①   16 For example
17 did you
18 ③
   ①, ②, ④ on ③ in
19 ④   20 ④
21 ④   22 ①, ③
23 ③
   ③ is broken not by → is not broken by
24 ①
   ① interested → interesting
25 택시를 타라, 그러면 늦지 않을 것이다.
26 미안하다고 말해라, 그렇지 않으면 나는 다시는 너를 안 볼 것이다.
27 ①   28 Because
29 Where   30 When
31 ③   32 along
33 on   34 like
35 between   36 on
37 behind   38 under
39 Where → When 40 therefore → because

UNIT 01~15 총괄평가 2회 본문 p.82

01 ②   02 ④
03 ②   04 after
05 when   06 before
07 8
   차례대로 1, 4, 3형식 문장
08 ④   09 ①
10 She found the map for us.
   그녀는 우리를 위해 그 지도를 찾아주었다.
11 They showed their money to me.
   그들은 그들의 돈을 나에게 보여주었다.
12 I want to ask a favor of you.
   나는 너의 호의를 부탁하고 싶다.
13 ③
14 ④
   write → written
15 sleepy
   5형식 문장에서 목적격 보어로 명사, 형용사, 동사를 씀.
16 without   17 with
18 from, to   19 ④
20 ②
   ①, ③, ④ 좋아하다 ② ~처럼
21 painted   22 used
23 ④
24 ④
   ①, ②, ③ in ④ at
25 Is this table moved by my classmates?
   이 탁자는 나의 급우들에 의해 옮겨지나요?
26 Were the chairs fixed by him?

그 의자들은 그에 의해 고쳐졌나요?
27 ④
   ①, ② ~대로 ③ ~ 때문에 ④ ~함에 따라
28 ②   29 5
30 She will come to my house tomorrow, won't she? 그녀는 내일 우리 집에 올 거야, 그렇지 않니?
31 They didn't fight last night, did they?
   그들은 어젯밤에 싸우지 않았어, 그렇지?
32 ③
   감각동사(look)는 진행형으로 쓸 수 없음.
33 ④
34 ③
   naming → named
35 ③   36 ①
37 ④   38 until
39 for   40 because of